30代から、どう働くか

お金、やりがい、自由——
何もあきらめない
人生戦略

25万人を支援してきた
研修トレーナー
伊庭正康

大和書房

はじめに

人生を左右するのは、「能力」ではなく「選択」だ

あなたが、キャリアアップを目指しているなら、知っておくべき真実があります。

30代で市場価値を高めるためにスキルを磨き、多くの知識を得ながらも、40代・50代で停滞してしまう人がいます。

一方で、そこまで勉強に時間を割かず、市場価値が高くなくても、一気に成功を手にする人は少なくありません。この違いはどこにあるのでしょうか？


その鍵は「選択」にあります。

キャリアにおいて、能力よりもはるかに大きな影響を持つのが、この「選択」です。

「頑張っているのに、給与が上がらないな……」

「仕事にやりがいを感じないな……」

「家族がいるので、転職も簡単にはできないし……」


会社のせいでも、家族のせいでもありません。それも、選択の結果です。


申し遅れました。

研修会社「株式会社らしさラボ」代表・伊庭正康と申します。

これまで、多くのリーディングカンパニーでキャリアやリーダーシップに関する研修を提供してきました。

この本に込めた想いを語らせてください。

私が、中高年の受講者を見て、思うことです。

「もったいないな……」


イキイキしている人には、そんなことを思いません。

でも、ミドル世代には、息苦しそうな人もいるのです。

私自身がかつてはその1人だったから、そのように感じるのかもしれません。

30代の頃、ありがたくも管理職に任用され、やりがいを持って仕事をしていました。

でも、常にモヤモヤを感じていたのです。

「会社に依存していないだろうか……」と。


そんな時でした。会社が早期退職勧奨を始めたのは。

会社は黒字でしたし、従業員をとても大切にする会社でしたので、驚きました。

私は、早期退職の対象ではありませんでしたが、参ったことに、早期退職を言い渡す役割に任命されたのです。

3回ほど、対象者と面接を行います。

詳細は本章に譲るとして、この時、思ったことがあります。


それは、「勘違いしていた」ということでした。

考えると、すぐにわかります。

会社の最重要課題は、雇用を守ることではありません。

最重要課題は、10年、20年、いや100年、経営を永続させることです。


「従業員は大事」と、よく耳にします。

でも、どうして大事なのでしょう。

「従業員は大事です（経営を永続させる手段として）」

そう、この（　）に入る言葉を読み解けていなかったのです。


2019年、トヨタ自動車の豊田章男社長（当時）は「終身雇用を守っていくのは難しい局面に入ってきた」と述べました。

同時期に、経団連の中西宏明会長（当時）も「企業からみると一生雇い続ける保証書を持っているわけではない」と言いました。

また、サントリーの新浪剛史社長は、「45歳定年制にして、個人は会社に頼らない仕組みが必要」と語っています。
日本を代表する経営者が、雇用を守る慣行に一石を投じる発言をし、炎上にも似た否定的な反応が起こったのです。

でも、本当にその反応が正しいのでしょうか。

私は、これらの発言は「早く気づけよ」という精一杯のメッセージに思えたのです。
むろん、幹部や管理職は、従業員に幸せになってほしいと本気で願っています。
「ウチの会社に入ってくれたからには、最高の人生を送ってほしい」と。
だからこそ、経営者は、我々のような研修会社に言うのでしょう。
「会社に依存せず、自分のキャリアを考える機会を作ってほしい」、と。

話を戻しますね。
だからこそ、「選択」が大事なのです。

30歳を超えると、自分で選択しないといけないことが増えます。

「もっと、自分らしいキャリアの選択はないのか」
「10年後、後悔しないのだろうか」
といった人生の選択から、

「仕事をとるか、家族をとるか」
「残業するか、人と会うか」
「研修の参加に手をあげるか、あげないか」

といったように、日常生活でも選択があふれています。
ささいなことですが、ちょっとした選択の積み重ねで、人生は変わるものです。

また、「市場価値を高めよう」とよく言われます。
でも、その目的は何でしょうか？　市場価値を高めることは転職市場で有利に働くかもしれませんが、それが本当に自分らしい生き方につながるのでしょうか?

この本では、あなたが「会社に依存せず、自分らしいキャリア」を実現するための選択の鍵を、具体的に紹介していきます。

株式会社らしさラボ　代表トレーナー　伊庭正康

CONTENTS

30代から、どう働くか

お金、やりがい、自由——何もあきらめない人生戦略

第1章 40代から活躍する人が、30代でやったこと

第2章 あなたは「会社依存症」になっていないか？

第3章 30代を「人生のターニングポイント」にする方法

第4章 できる30代が絶対身につけている「考え方」と「スキル」

第5章

好きなように生きるためのぶっちゃけ話

おわりに —— 自分の未来に、「言い訳」をしない

第1章

40代から活躍する人が、30代でやったこと

30代になると、「現実の壁」が待ち受ける

20代は、勢いとエネルギーで突き進む時期です。多少の失敗は大目に見てもらえますし、後からいくらでも挽回可能です。

しかし、30代に差し掛かると、私たちの前には「現実の壁」が立ちはだかります。

この「壁」を「キャリアのプラトー（停滞）現象」と説明する人もいます。

では、その「壁」とは、いったい何なのか。

「冒険」をしなくなることによる停滞。これこそが「30代の壁」の正体です。

ロンドンビジネススクールの研究チーム（ハーミニア・イバーラ教授らのチーム）がま

さに、そのことを示唆してくれています。
彼らの研究によると、その壁には5つの種類があります。
もし、あなたに1つでも当てはまっているものがあるなら要注意です。

壁①「次に何をしてよいのか、わからない」
壁②「経済的な事情からキャリアチェンジは難しい」
壁③「チャンスをくれる人脈がない」
壁④「他社で通用する専門スキルがない」
壁⑤「自分が、他のことでやっていける自信がない」

いかがでしょう。ちょっとドキッとしませんか?
20代の頃は、少なくとも「何をしたいのか」は答えられたことでしょう。
多かれ少なかれ、その会社で「やりたいこと」があって入社試験を受けたはず。
しかし、30代になり、日々の業務に忙殺され、よくも悪くもその環境に慣れてしまうと、やがて「何をしたいのか」を考える時間は減っていきます。

ボストンコンサルティンググループの調査[1]によれば**「自分にとって素晴らしい人生とは？」と問われて回答できる人は、おおむね20％。さらに、自分のキャリア（人生）戦略を考えている人となると、わずか３％**しかいないのです。

◎「あなたは、何ができるのか？」

また、経済的な事情から身動きが取りにくくなるのも30代です。

結婚して家庭をもつ、持ち家を購入するなど、ライフステージの変化に伴う出費が増えることで、新たなチャレンジを躊躇するようになります。「収入を守るために、我慢してでも働く」という選択をしがちなのです。

また、忙しい人ほど社外の付き合いが減るもの。30代に入ってから職場の人としか接点がないというケースは珍しくありません。

加えて「専門スキルの不足」という悩みもよく聞きます。

社内スキルしか磨いてこなかったため、「あなたは、何ができるのか？」という質問に答えられなくなってしまうのです。

これらが、30代で多くの人が直面する「現実の壁」なのです。

でも、ご安心を。これらの壁は、いくらでも乗り越えることができます。

具体的な「壁の乗り越え方」を紹介していきます。

30代のキャリアの「壁」

- 会社の辞令に従うのみだったので、次に何をしてよいのかわからない
- 収入を落としたくないので、キャリアチェンジが難しくなる
- 気がつけば、社内のネットワークがなく、チャンスをくれる人脈がない
- 社内スキルはあるが、他社で通用する専門スキルがない
- そもそも他のことでやっていける自信がないことに気づく

40代で飛躍する人が30代で大事にした「1つのこと」

前項で「壁の乗り越え方」と書きましたが、実は、本当の問題は、「壁」があることではありません。

「〇〇だから、仕方ない」と「あきらめてしまうこと」。**これに尽きます**。

実際のところ、いくらでも乗り越えることはできるのです。

私の知人3名の実例を紹介しましょう。

迷いや挫折をバネにして、ひょいと壁を乗り越えた人たちです。

まずは、私の後輩の事例です。彼は当時30歳、営業管理職でした。

日々の社内調整に息苦しさを覚えていたようです。

自分の強みであるアイデアを活かす仕事がしたいと、一念発起して独立しました。しかし、準備不足がたたって2年で廃業。その時、家族は4人。かなり厳しい状況です。

でも、神様は彼を見捨てませんでした。

その窮状を知った旧知の知人から、仕事の誘いを受けたのです。

そして、そのベンチャー企業の新規事業の責任者に転身。

そのポジションと彼の特性が合っていたのでしょう。計画を上回る結果を出し続け、数年後にはその会社の役員になりました。年収は数千万になり、さらにストックオプションを得て、別荘を購入したというのですから驚きです。

次は、私の先輩。この人も、「あきらめない人」でした。

人事というのは、時に非常に残酷なもの。出向から戻った彼に待ち受けていたのは、新人と同じことをする営業だったのです。いわゆる飛び込み営業です。

そこで彼は動き始めました。

ヤフオクを使って物販の副業を始めたのです。そこで彼は思いました。

「こっちの方が自分に向いているかも」と。

その後、3年をかけて準備をして、独立。開業とほぼ同時に、夢であったアメリカの拠点を設け、たちまち大成功。あれから20年経ちますが、今ではその州で有名な経営者の1人になっています。

◎「40代から活躍する人」の特徴

次に紹介するのは、私の父。

若き日の父は、悩んでいました。

「学歴のない自分は、この大手企業では現場で終わるしかない。どうすればいいのか」

そんな時、偶然、誘われた労働組合に参加。そこでなら中核として活躍できるかもしれない、と思ったようです。

息子の私から見ても、ロジカルなタイプですので、「交渉」や「調整」が、肌に合ったのでしょう。その後、なんと80歳まで働いていました。

「仕事人間ではないけど、会社が好きやった」。そんな本人にとっては、最高の人生であることは間違いありません。

いかがでしょうか。

「このままでいいのか」と不安になった時、道は2つしかありません。

1つは、「自分の可能性をあきらめない道」。
もう1つは、「仕方ない……とあきらめる道」。

40代以降、「自分らしく活躍している人」は、あまねく30代で「自分の可能性」をあきらめなかった人たちなのです。

本当の問題は「あきらめる」こと

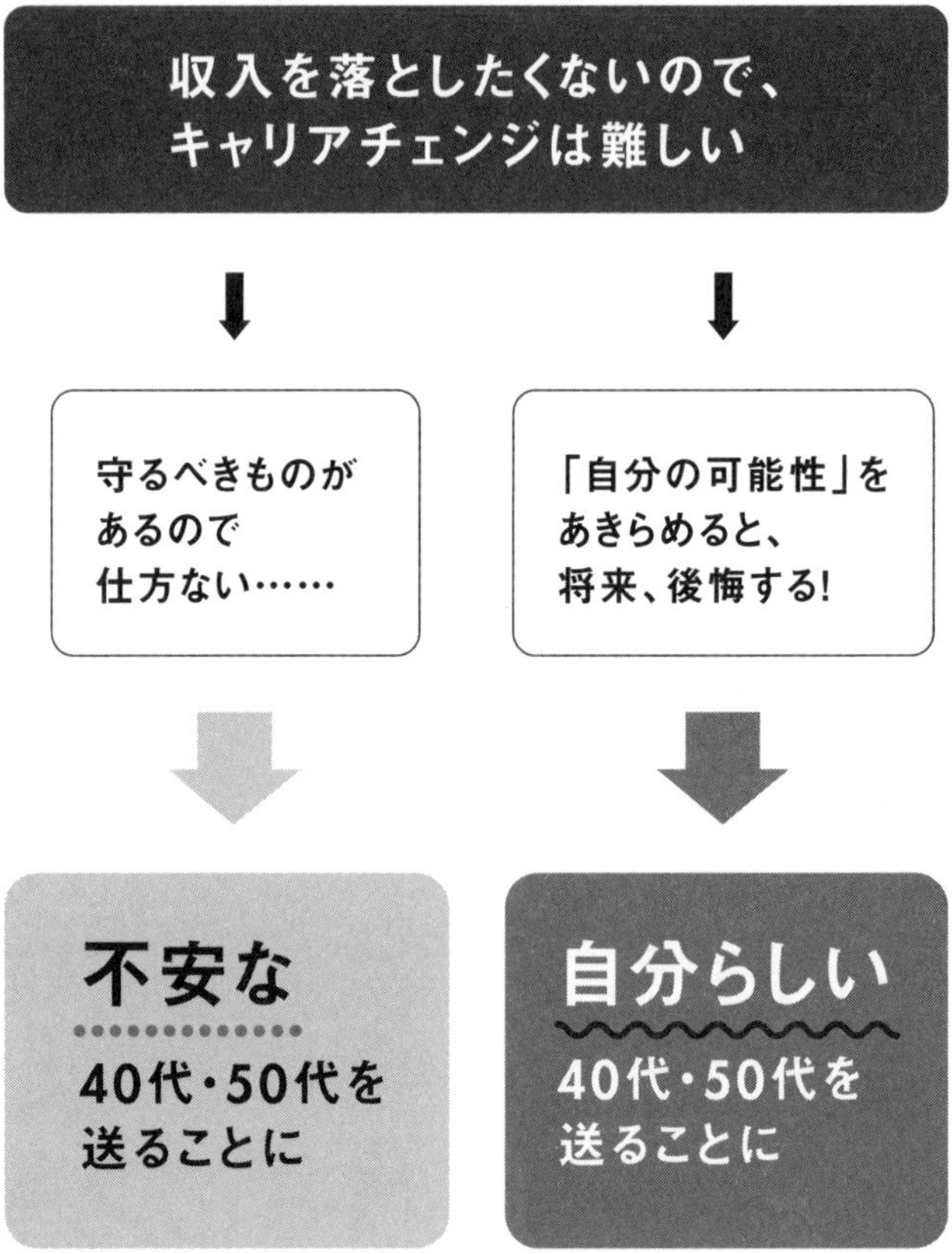
収入を落としたくないので、
キャリアチェンジは難しい
守るべきものが
あるので
仕方ない……
「自分の可能性」を
あきらめると、
将来、後悔する!
不安な
40代・50代を
送ることに
自分らしい
40代・50代を
送ることに

「市場価値を高める」とはどういうことか

ビジネスパーソンのキャリアについて、よく言われるのは「市場価値を高めよ」という言葉。

こういった言葉は、そのまま鵜呑みにせず、一度疑ってみたほうがいいでしょう。

そもそも「市場価値」とは何でしょうか？

言葉どおりに解釈すると「転職市場で売れる人か、どうか」の尺度ですね。「商品としての自分を市場に出す」といったイメージです。

もちろん「市場価値」を高めるために、自己研鑽を積み、スキルを磨くのは悪いことではありません。しかし、本当に大事なのは、その先です。

ファーストリテイリングの社長、柳井正氏は、「ハーバード・ビジネス・レビュー2024年7月号」[2]で、次のように語っています。

「人生の行先を早く決めることが大事。
自分は何になりたいのかを、できるだけ早く決めること。
できることに集中し、誰よりも早く実行するべき」

本書でお伝えしたいことも、まさにそこです。
キャリアの真の目的は**「自分らしい人生を歩み、人生の最後にひとつの後悔もなく、良い選択をしたと満足すること」**だからです。

「転職市場」においては、一般的に年齢の若い人が有利になる傾向があります。おそらく、50代の私が、若い人材を求めている企業に応募しても、即座に落とされるでしょう。年齢という尺度で測れば、私の「市場価値」は低いわけです。

でも、「それがどうした」です。

市場価値など、他人にとっての価値でしかありません。

◎なぜ「市場価値」を高めるのか

話は変わりますが、先日、イタリアを旅行してきました。

ローマのコロッセオをご存じでしょうか。競技場のような有名な遺跡です。

ローマ帝政期の西暦80年に建てられた、当時のエンターテインメントの中心地。そこでは、剣闘士（グラディエーター）たちが、武器を片手に殺し合いをし、その様子を聴衆が観劇していたそうです。

闘っていたのは、奴隷階級の人。彼らは、市場で売買されていたそうです。

「彼は軍隊に従事していたので、価値は高い」

「いくらだ？」

「もう少し、安くしてくれ」

30代は、「自分が目指すべき姿」を決めるターニングポイント

10年後はどうなっていたいのか？

成し遂げないと**後悔**することは何か？

「ダメだ」

といった会話があったと伝えられています。

この様子は、ラッセル・クロウが主演の映画「グラディエーター」（原題：Gladiator）でも、鮮明に描写されています。ちなみに映画の中では、「観客を楽しませたら、もっと自分の価値が上がる」と自分に言い聞かせ、努力する主人公の姿が描かれています。

さて、もちろん、現代の私たちは奴隷ではありません。

私たちは自分の意思で、壁を自由に乗り越えられる立場にあります。

だからこそ、やたらと市場価値を高めようと鼓

舞する人に問いたい。
「何のために、市場価値を高めるのか」、と。
失業しないため？　給料を上げるため？　金持ちになるため？　家を買うため？
本当に考えるべきは、その先です。

市場価値を決める「3つの要素」

もし、あなたにとっての「目指すべき姿」が明確になっていないなら、とりあえずですが、市場価値を意識しておいても損はありません。

「売れる人材」になるためではなく、自分自身が納得できる「人生の行き先」の選択肢を広げてくれるからです。

言い換えるなら、あなたの「強み」をより磨く機会になるからです。

私は、前職のリクルートで、20年以上、求人メディア事業に携わってきました。

数万人の求人に携わる中で、この「市場価値」の要素を分析すると、3つの要素で構成されることがわかりました。

「市場価値」＝専門性×ニーズ×希少性

つまり、この3つの要素を掛け合わせることで、市場価値が高まるということでした。

では、私の知る実例（仮称：田中さん）を紹介しましょう。

専門性

まず、「専門性」。これは、〝何のプロであるか〟を指します。

田中さんは、ある大手IT企業の採用担当者をしている会社員です。

田中さんの専門性は、「エンジニア採用のプロ」となります。

ニーズ

DX化の波により、エンジニアの需要は高まっています。そのため採用に苦戦する企業も多く「エンジニアを採用したい」というニーズを持つ企業は多くあります。

希少性

田中さんの希少性は「エンジニアの要件定義」にも詳しいことです。田中さんほど細かく理解している人事担当者は少ないのが現状です。

こう考えると、どうでしょう。

もし、田中さんが、現在勤めているIT企業を退職しても、声がかかりそうだと思いませんか。それこそが「市場価値が高い状態」というわけです。

「将来がわからない」なら、今の仕事を極めてみてください。

エンジニア出身でない田中さんもそうでした。市場価値を高めるべく勉強したのです。

「MBAを取得する」「難関資格を受験する」といった特別なことをしたわけではありません。自分の仕事を極めることを念頭に、独学で勉強したくらい。

自分で勉強をして、求められるニーズに合わせ、希少性を高めたというわけです。

可能性（選択肢）を広げるステップ

やりたいことが定まらない

↓

今の仕事で「市場価値」を高める

市場価値＝専門性×ニーズ×希少性

↓

「市場価値」が高まると入ってくる情報が多くなる

↓

気がつけば可能性（選択肢）が広がっている

社内異動	管理職
起　業	海　外
転　職	副　業

「この先、どうなりたいのか」が見つからない場合は、ファーストステップとして、市場価値を高めるトライをしてみるといいでしょう。その結果、選択肢が広がり、本当にやりたいことが見えてきます。

あなたの「ノウハウ」、実は高く売れるかも

前項でご紹介した田中さんは、転職をせずに収入が倍になりました。
会社員としての年収が700万円。
採用コンサルとしての事業（副業）収入が700万円。
そう、オンラインを活用した採用コンサルの副業を始めたのです。

きっかけは、知人から声がかかり、ある大手製造会社の採用プロジェクトメンバーにアサインされたことでした。田中さんのように、エンジニア採用に精通している人は少ないため、声がかかったというわけです。

ここで、大事なことをお伝えします。

副業は、もはや特別な選択肢ではありません。

専門性を持つ会社員をはじめ、フリーランスが登録するインターレイス社（ビズリーチを抱えるビジョナルグループ）の桑田良紀代表は、次のように語ってくれました。

「今、うちの登録者には、営業課長をしながら、ある企業の営業組織強化をアドバイスする専門家もいますし、ある企業で経理として勤務しながら、経理システムを導入するコンサルをしている人など、そのような方が数百人規模で登録しています」

さらに追加の質問をしました。

「田中さんのように、収入が倍になる人はいるのか」と。

「いらっしゃいます。先ほどの営業課長の方も、経理課長の方もそうです。営業課長の方は、セールスフォースの導入から運用のコンサルをしていますが、年収は倍に

30代からは「ノウハウ（知的資産）」を活かすステージ

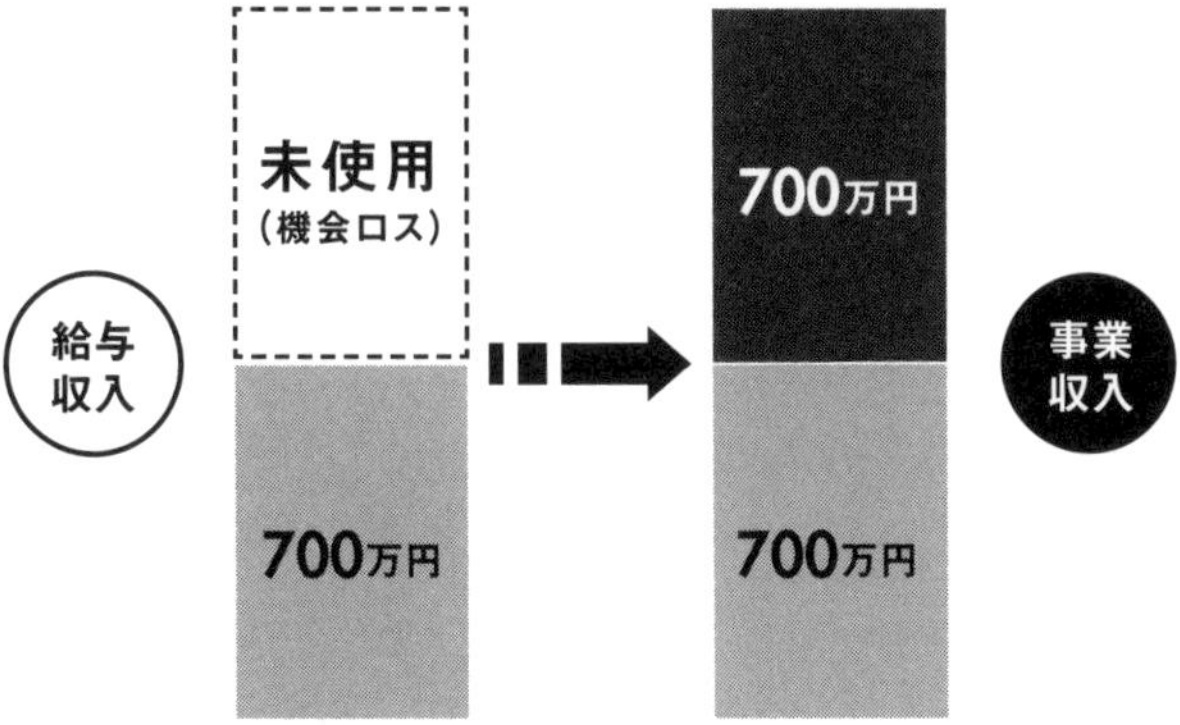

なっています。また、経理の方も、経理のＳａａＳ（ソフトウェアサービス）に詳しく、導入から運用のサポートをしていますが、収入は倍になっています」

ただし、誰もが、そのようになれるわけではないとのことです。

「〝業務設計や運用〟ができるレベルになれば可能ですが、〝作業ができる〟といったレベルでは、さすがに収入は倍にはなりません。でも、今の業務を極めるべく、ＳａａＳを勉強すればできるレベルですよ」

この話を読んで、どう思いましたか？

自分には「別世界」と感じたでしょうか。

だとしたら、思い出してください。キャリアが停滞してしまう「壁」を。

「他社で通用する専門スキルがない」

「自分が、他のことでやっていける自信がない」

それが壁でした。しかし、「壁」を乗り越えることは充分に可能なのです。

むやみに副業や転職を勧めるわけではありません。

しかし、「資産」をしっかりと蓄え、その「ノウハウ（知的資産）」を活かしていくことが、30代からは重要なのです。

30代からは「短所」を克服する時間などない

少し角度を変えましょう。

やることが見えないときは、とりあえず市場価値を高める方法も得策と書きました。もっと大事な観点を紹介します。**「強み」を武器として活かす発想**です。

経験値が少ない20代の頃は、多くの人が自分の弱点を克服しようと努力してきたことでしょう。しかし、30代からは弱点の克服に費やす時間はありません。

どんなキャリアデザインの理論でも、例外なく柱になるのは「いかに自分の強みで勝負するか」です。私が講師として登壇する「キャリアデザイン研修」でも、そのような考え方です。

自分の強みを知り、武器にしたほうが、確実に「自分らしいキャリア」を歩めます。

私自身のキャリアを振り返っても、まさにそうでした。

私には致命的な「弱み」があります。文章を書く仕事をしているのに、「誤字・脱字」などのミスが多く、困ったことに、チェックしてもミスに気づけないのです。通知表があれば、5段階評価で「1」であることは間違いありません。

努力はしますが、どんなに頑張っても「2」か「3」でしょう。「5」にはなれません。


まだあります。決められたルールや手順を守ることが苦手です。

本業の研修講師業においてもそう。自分が開発したプログラムでは気持ちよく講義ができるのですが、人が考えたプログラムで行うのは苦行でしかないのです。

「ここは5分でレクチャー、その後は3分でペアになって意見交換。その後は……」

と細かく決められると、息苦しくて仕方がないのです。

◎「弱み克服」は非効率

一方で「強み」もあります。

「誤字」のチェックは苦手ですが、自分の考えを「文章」にするのは、それほど努力せずともできます。ありがたいことに、これまで約50冊の本を書く機会に恵まれています。

研修講師もそうです。人を惹き付ける話し方（ストーリーテリング）は、誰からも教わっていませんが、自然とできています。気がつけば、年に200回の登壇をし、リピート率も常に9割以上ですので、自分では不思議な感じです。

他にも強みはあります。かつて何度もトップセールスになっていますし、管理職としてマネジメントもやってきましたし、今はスモールカンパニーながら経営もしています。それが、そんなに努力をしていると感じないのです。

「強みを活かせば、努力を努力と思わなくなる」とよく言われますが、まさにそう思います。

かの有名な経営学者ピーター・ドラッカーは、名著『プロフェッショナルの条件』で、このような主旨のことを述べています。

「時間は有限である。弱みを克服することに時間を充てるのは非効率である。弱みは、克服するのでなく、チームでお互いが補完すればよい。自分の強みを知り、貢献を考えて行動するほうが、より自分を伸ばせる」と。

30代からは、弱みに時間をかけている場合ではないのです。

30代からは「強み」で勝負する

20代

「すべて」を全力で頑張る

・「強み」「弱み」はわからない

・できないことが多くて当然。
取捨選択せず、克服に努める

↓

30代

「強み」で勝負する

・「強み」を武器にし、「弱み」の克服を頑張らない

・「強み」を活かせば努力を努力だと思わない状態に

「強み」はこの「3条件」で決まる

ひょっとしたら、こう思われた方もいるでしょう。

「自分には、強みがあるのか……」と。大丈夫です。必ずあります。

具体的には「職業」や「タスク」だけでなく、**「自分の能力」に強みを見出す**といいでしょう。

それを知れば、大切なのは「今の仕事に向いているか」ではなく、「強みを活かせているか」だと気づきます。

そこで紹介したいのが、イギリスの心理学者アレックス・リンレイ博士が提唱する強み（能力）の定義。私はこの「強み」を活かす研修を各企業で提供してきたこともあり、この強みを活かすことの効果に確信を持っております。

次頁で紹介する強みは、博士が提唱する強みの要素を参考に、チェックをしやすいよう、私なりにアレンジした要素です。ちょっと眺めてみてください。

思った以上に「多い」と思われたのではないでしょうか。

それだけ、人にはそれぞれの持ち味があるということなのです。

さて、それぞれの強みの詳細は、後ほど紹介することにして、先に「強み」の定義を明確にしておきましょう。博士が提唱する「強み」を要約すると、次の3つの条件がそろっているものを指します。

49の「強みの要素」

「志向」の強み

1.計画力
2.問題解決力
3.アイデア力
4.整理力
5.チェック力
6.効率力
7.楽観力
8.熟考力
9.順守力

「動機」の強み

1.逆境力
2.成長欲求
3.競争心
4.成長サポート力
5.ハードワーク力
6.状況対応力
7.自信
8.決断力
9.やり抜き力
10.目標志向
11.改善力

「スタンス」の強み

1.不安克服力
2.受容力
3.奉仕力
4.自我力
5.冷静力
6.感謝力
7.道徳力
8.約束遵守力
9.ミッション志向力
10.追求力
11.最高志向力
12.継承力
13.謙虚さ

「人間関係」の強み

1.説得力
2.人を成長させる力
3.関係構築力
4.思いやり
5.公平性
6.個性を尊重する力
7.人をつなげる力
8.打ち解ける力

「コミュニケーション」の強み

1.文章表現力
2.俯瞰力
3.傾聴力
4.ユーモア力
5.フィードバック力
6.ストーリーテリング力
7.説明力
8.注目性

強みの定義

強みとは、すべての条件を満たしていること

強み ＝ **うまくできる** 少ない努力でなぜかうまくできる × **活力が湧く** それをやること自体が好き × **成果が出ている** それをしたことで、評価や賞賛された

強みの3条件

①努力せずとも、なぜかできること
②やることで、活力が湧く（やること自体が好き）
③実際に、成果が出ていること（褒められたことがある）

さて、ここで、気をつけないといけないことがあります。

3つの条件がそろっていない場合、それは強みではないということ。

うまくでき、活力が湧き、また、成果が出ていること。これが強みです。

一方で、次のものは、強みではありません。

「うまくできるけど、活力が湧かない」。

たとえば、整理整頓で考えてみましょう。

「うまくできるけど、実は好きではない」というケースも少なくありません。

私の妻が、まさにそう。感心するほどに整理整頓上手なのですが、本人は苦痛でしかないようです。「必要に駆られてやっているだけ」と言います。

だとしたら、その力を使う機会をこれ以上増やすと不幸でしかありません。

また、**「努力せずともできるし、それをするのは好き。でも成果にはつながらない」**というのも強みではありません。〝独りよがり〟と言ってもいいでしょう。

私にとっては「歌うこと」が該当します。

努力せずとも歌を唄えますし、唄うことは好きです。

でも、褒められた記憶はありません。

妻曰く「どちらかと言うと下手」とのこと。

そうなると、もはや「ドラえもん」のジャイアンのようなもの。

唄う機会を増やせば、自分だけではなく、周囲を不幸にしてしまう可能性だってあります。だとすれば、「強み」ではないことも理解できます。

30代では、自分の強みを正しく把握し、活かすことが不可欠。

次項では「強みを活かす」方法をお伝えします。

あなたの強みを「最大化」し、弱みを「最小化」する戦略

それでは「強みの活かし方」について解説していきましょう。私の研修でも紹介するお勧めの方法があります。

これを知るだけで、仕事がおもしろくなることはもちろん、他の人にはない「あなたしかできない」仕事ができるようになります。

次の図をご覧ください。

まず、「活力が湧くかどうか」「使えているかどうか」の2軸で整理をします。

すると、次の4つの象限に分けられます。

「A：活かせている強み」

強みを活かす戦略

AとBの機会を増やすことが成功のカギ
（CとDを増やしてはいけない）

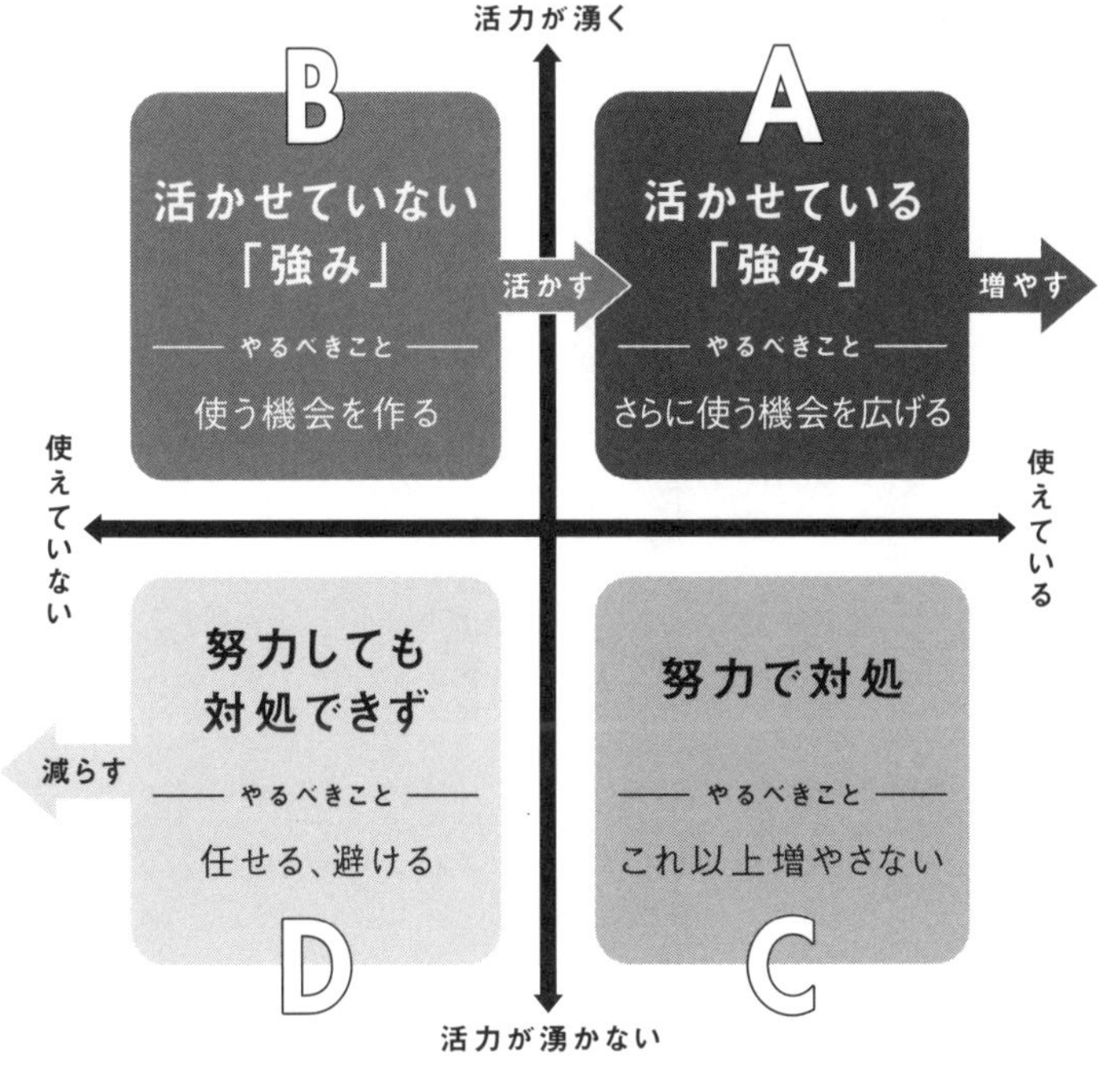

「B：活かせていない強み」
「C：努力で対処」
「D：努力しても対処できず」

知るべきは、A～Dにおける対策のセオリーです。

◎A：「活かせている強み」への方策（機会を広げる）

このゾーンでは、さらに強みを広げるべく、「機会」を増やすことが鍵になります。「他のシーンでも活用する（マルチユース）」と「他の人が使えるように横展開を図る」の2つの戦略があります。

私の強みの1つ、「文章で表現する力」では、次のようなイメージです。
元々、営業職に従事していた時から、「書く」ことを武器にしていました。
最初は、営業ツールの作成から始まり、次第に提案書の作成でも、活かしていました。やるほどに成果も出ましたし、時間を忘れるほど、そうした仕事に没頭していました。

また、それらのツールや提案書を同僚が使えるように、共有を図り、勉強会の講師を積極的に申し出ていました。これが「横展開」です。組織で仕事をしている以上、組織力を高める貢献は、確実に感謝されます。

今では、その文章作成力を活かし、書籍を執筆する機会にも恵まれるようになりました。でも最初からそうだったわけではありません。

当時は会社員でしたので、出版社から声がかかるはずもありません。

上司に許可をもらい、出版コンテストに応募したことがきっかけになったのです。「自らが動く」ことが人生を変えると確信しています。

私の好きな言葉があります。

「自ら機会を創り出し、機会によって自らを変えよ」

これは、私が勤めていたリクルートグループで語られていた、かつての社訓です。創業者の江副浩正氏によって作られたものですが、今なお、色あせない考え方です。

◎B：「活かせていない強み」への方策（機会を作る）

このゾーンは、**強みを使う「機会を作る」**ことが戦略になります。

私の研修先に「サポートする力」という自身の強みを発揮できていない人がいました。学生時代はリーダー役として、後輩のサポートをしていたそうなのですが、今の会社に入ってからは、自分がまわりより年下のため、その力を発揮できていなかったのです。

そこで、「機会」を自ら作るべく、彼女は上司に申し出ます。

「後輩に仕事を教える役割があれば、どこかのタイミングで挑戦したい」と。

上司としては、これほど嬉しいことはないでしょう。

その願いは、すぐに叶えられます。

その後、彼女はその力を見込まれ、若手リーダーに抜擢されました。

このBゾーンも、Aゾーン同様に、「自らが機会を作る」ことが鍵です。

◎C&D：「活力が湧かない」ゾーンへの方策（機会を増やさない）

Cゾーンの要素は、「増やさない」「誰かに任せる」「避ける」など、**頑張らないこと**が戦略となります。

前述した私の妻の「整理整頓」で考えると、家族で「役割分担」することで人に任せ、「ロボット型掃除機」「ロボット型モップ」などで作業量を軽減化し、今以上に増やさないようにしています。

Dゾーンに該当する私の「細かくチェックする力」でも考えてみましょう。

執筆のチェックに関しては出版社さんの力をお借りし、研修テキストは「カスタマイズを最小にとどめる」「Wordの誤字チェック機能」、キーボードのショートカット機能で複数の修正箇所を一括変換で修正するなど、「しくみ」で担保しています。

また、「手順通りにする」ことも苦手ですので、手順が細かく、細かな指示を受ける際は、そのまま承諾せずに、自分なりの提案をすることで、調整を図る（避ける）ようにもしています。

30代では「強みを最大化」「弱みを最小化」することが、あなたらしいキャリアを歩むための必須要件なのです。

30代からでもキャリアの「選択肢」は広げられる!

ここで、また視点を変えて、キャリアの選択肢について触れます。

「副業をしましょう」「独立をしましょう」「出世しましょう」といった狭い見方ではなく、人生にはもっと多くの選択肢があることを確認しておきましょう。

次頁の図をご覧ください。

まず、キャリアには「4つの選択肢[3]」があることをおさえてください。

『キャリアづくりの教科書』(徳谷智史・NewsPicksパブリッシング)では、次の可能性が示唆されていました。

30代の過ごし方のヒントになるでしょう。

30代からは、キャリアの選択肢が一気に広がる

基礎固め 与えられた職務における職務能力を高める

⇩

30代以降 正解はない。あなたが目指したい道を選択

1つの職務を極める

型

1つの職務を極める（スペシャリスト）

プロ営業職　希少なエンジニア
経理のスキル

幅広いノウハウを習得

1つの職務を極める

型

職務を極め、ノウハウを広げる（シングルメジャー）

営業＋マネジメント力
システム開発＋AI知識
経理＋アプリ導入知識

2つの職務を極める

型

2つの分野を極める（ダブルメジャー）

営業＋人事　エンジニア＋営業
経理＋システム開発

複数分野でのプロになる

型

異なる分野で複数のプロに

・事業コンサルとして活躍、次に地方都市の市長として活躍
・大手の営業部長をしながら自分の法人でホテル経営に参画

「I型キャリア（1つのことを極めるスペシャリスト）」

「T型キャリア（1つの職務を極めながらも、ノウハウを広げる）」

「H型キャリア（2つの分野を極める）」

「HH型キャリア（異なる分野で、複数のプロになる）」


ここで押さえておくべきなのは2点。

・30代からは、可能性が一気に広がること
・その可能性を広げるのは、自らが機会を作ること

実例がありますので、紹介しましょう。私の先輩にこんな人がいました。

その人は、新卒で入社し30代後半まで人事一筋の人でした。既定路線で考えると、人事畑でI型かT型のキャリアを歩む人材です。

ところが、なんと営業にトライしたいと申し出たのです。

彼の希望は通り、営業部門に異動。H型のキャリアを選択しました。するると、営業でも頭角を現します。コミュニケーション力、問題解決力に長ける彼の勢いは止まりませんでした。2年後には営業部長に、その2年後には執行役員になっていました。その後、業界団体の責任者をするまでになっていました（HH型）。

私は、彼に尋ねたことがあります。

「なぜ、人事を極めながらも、リスクをとって、イチから営業にチャレンジしようと思ったのか」と。

彼の答えはシンプルでした。

「人事だけでは、もったいないと思ったから」。

自ら機会を作ったのは、彼だけではありません。

企業でエンジニアとして働きながら、オンライン学習の有名講師をしている人もいます。聞くと彼の月収は300〜400万円というのですから驚きです（H型）。

他にも営業部長をしながら、複数のベンチャー企業への事業投資をしている人もいます。彼の年収はなんと約1億円です（HH型）。

「H型」「HH型」を目指しましょうと言っているのではありません。

あなたの目の前には、考え方次第で多くの選択肢があり、自分の歩みたい道を選べる、ということです。

30代は、フィールドを広げる決断をする適齢期です。

このような可能性を会社で教わることはないでしょうし、本人も〝あえて〟口外しないことが多く、リアリティがないかもしれませんが、これが私のまわりで見るリアルなのです。

早い段階でこれを知っておくことは、極めて重要でしょう。

1 「戦略策定の知恵を人生設計に活かす法」（ハーバード・ビジネス・レビュー 2024年7月号）
2 「人生の行き先を決めるのに、早すぎることはない」（ハーバード・ビジネス・レビュー 2024年7月号）
3 『キャリアづくりの教科書』（徳谷智史・NewsPicksパブリッシング）

強みの分野	強みの要素	内　容
「スタンス」の強み	不安克服力	不安に思ったり、怖いと思っても、それに挑戦する
	受容力	どんな性格であっても、業績がどうであれ、すべての人の良いところを見る
	奉仕力	困難な状況の中でほかの人を助け、支える
	自我力	誰に取りつくろうこともなく、自分らしく行動する 変化する環境でも確信と落ち着き感を保っていられる
	冷静力	さまざまな状況に応じる際に、自分自身の感情や反応を冷静に理解する
	感謝力	人生に起こる素晴らしいことに気付いて感謝する
	道徳力	人の規範になる道徳や倫理に合った行動をする
	約束遵守力	一度やると約束したことには、きちんと責任を持つ
	ミッション志向力	あなたの達成したいことが、世の中にどんな意味があるのかを考える
	追求力	関心のあるテーマについて追求し、さらに理解を深めようとする
	最高志向力	限られた条件の中で最大の成果を上げるためにできる限りの努力をする
	継承力	仕事において、「後世（次の世代）」に残すために努力する
	謙虚さ	上手く行った時に、「私の努力ではない」と思い、伝える
「コミュニケーション」の強み	文章表現力	書くことで、自分の考えやアイデアを伝える
	俯瞰力	ほかの人とは違う視点で物事を見て、ほかの可能性を示す
	傾聴力	自分の意見を述べず、まず人の言っていることをしっかりと聴き、相手を理解する
	ユーモア力	冗談を言ったり、おもしろい話をしたりして雰囲気を和ませる
	フィードバック力	人がより効果的になるためにフィードバックを提供する
	ストーリーテリング力	日常の出来事を逸話を使ったり物語風にしたりして、変えて伝える
	説明力	ほかの人がわかりやすいように説明する
	注目性	人があなたの行動や考えに注目するように人に働きかける
「人間関係」の強み	説得力	話し合って、あなたの考え方に賛成してもらい、あなたの考えている方向で動いてもらう
	人を成長させる力	人を成長させるために、新しい挑戦課題を提供する 相手が自信と自尊心を持てるように、人の成長を助ける
	関係構築力	仕事において、長続きする親密な人間関係を築きあげる
	思いやり	相手がしてもらいたいことを察知して、ちょっとした気遣いをしたり、助けたりする 人の感情や気持ちがわかる
	公平性	経歴や背景にかかわらず、すべての人を公平に扱う
	個性を尊重する力	すべての人をそれぞれ個性あるユニークな人として関わりあう
	人をつなげる力	共通のつながりをみつけて、人と人を結びつける
	打ち解ける力	すぐに、ごく自然に、ほかの人との心の通った関係を築く

49の「強み」の内容

第１章で紹介した「強みの要素」の内容をご紹介します。自分にはどのような強みがあるのかチェックし、53頁「強みを活かす戦略」の４象限に振り分けてみてください。

強みの分野	強みの要素	内容
「志向」の強み	計画力	計画する際に、細部にわたり、整理し、スケジュールに落とし込む
	問題解決力	問題となりそうなことを予期し、事前に手を打つ 直面する問題に取り組み、解決する
	アイデア力	革新的な考えで、新しい体制や仕組み、あるいは商品を作り上げる 当たり前と思われることを否定し、違う取り組み方を考え、実行する
	整理力	複雑に見えるようなことでも、ものごとを体系化して整理する
	チェック力	作業内容の中の小さな間違いを探し出す
	効率力	時間を無駄にしないようできる限りの努力をする
	楽観力	困難な状況にあっても前向きな気持ちや態度でいる 長期的な視点にたって物事に取り組む
	熟考力	物事をじっくりと深く考える
	順守力	指示通りに物事を進める
「動機」の強み	逆境力	困難や挫折に遭遇しても、そこから立ち直る 失敗をしたり、落胆したりするようなことをチャンスと考え、そこから成功を手に入れる
	成長欲求	自分自身を成長させたり、ほかの人から学ぶ
	競争心	人と競争し、勝利を志向する
	成長サポート力	人のモチベーションをあげて、巻き込み、新しい挑戦を始める
	ハードワーク力	多少、負荷をかけてでも、自分を追い込んで、精一杯の努力をする
	状況対応力	今を状況を変えるために、挑戦を企て、実行する 新しい環境や難しい状況で自分自身を試す
	自信	さまざまな状況に遭遇しても自分の能力に自信を持ち行動する
	決断力	考えるよりまずは行動する
	やり抜き力	何かを達成するためにどんなに難しいことでもあきらめずに最後までやり抜く
	目標志向	決めた目標を達成するために自ら進んで行動する
	改善力	どうすればもっとうまく対応できるか、その方法を見つけ出す

第 2 章

あなたは「会社依存症」になっていないか?

「会社離れ」ができない人になるな

あなたは、自分が「会社に依存していない」と言い切れるでしょうか。

もし、仮に「早期退職の勧奨」を受けたら、平常心を保てそうですか。

上司に呼び出され、「ここにいても仕方がない。辞めるなら今ですよ。支援もしますから」と勧奨を受けたら、どうでしょう。

「悔しいけど、仕方ないな」とすんなり思えるようなら問題ありませんが、実際のケースでは、2つの反応に分かれます。

「チャンスにしよう」と考える人と、「どうしよう……」と戸惑う人です。


むろん、ありたい姿は前者です。

しかし、実際は、そうではないことが多いのです。気がつかないうちに、**子どもが親離れできないように、「会社離れ」ができない人になっていることが多い**のです。

では、「会社に依存する怖さ」について考えていきましょう。

今は、どの会社でも早期退職の勧奨が行われる可能性はあります。業績が良かったとしても、です。決して他人事ではありません。

東京商工リサーチ（２０２４年）の調査[1]によると、早期退職の勧奨が行われた会社の57・１％が黒字企業といいます。

また、大手企業だからといって安心できるわけではありません。

その黒字企業の約７割が上場プライム企業なのです。

「事業セグメントの見直し」「業種の転換」に伴い、求める人材に変化が起こっていることに理由があります。加えて、事業再編に向け、固定費を抑制するために、構造改革の一環として「早期・希望退職者」の募集が取られるのが実情だからです。

◎「リストラ勧告」をした私の経験

私の経験をお話ししましょう。

その時、私は営業組織の責任者（部長）をしていました。

突如、「早期退職勧奨」が行われたのです。従業員を大切にする会社でしたので、この判断に驚きました。

「景気が悪化する今、最悪の事態を回避するために、組織再編が必要」。

これがその時の理由でした。会社の営業利益は黒字でしたが「このままでは、経営危機に陥る可能性がないわけではない」ということだったのです。

各部門の責任者が招集され、「対象者の選定」をするように指示が出ます。

私も、選定を担う1人でした。仕事人生で、これほど辛かったことはありません。

そして、すぐさま退職勧奨の面談が始まります。私は、まさにその面談担当でした。

対象となった人は、やはりショックを受けます。絶句する人も少なくありません。

「なぜ私が？」「会社に残る方法はないのですか？」「家族がいるのに……」と落胆す

る姿は忘れられません。

経営者を恨む人もいました。また、面談者の私も恨まれました。

でも、ここには誰も悪者はいません。

会社の存続を考えるのが経営者であり、その実行を担うのが中間管理職であり、たまたま対象となったのが、その社員。それだけの構図です。

誰もが辛いのが本当のところ。

「じゃあ、そんなことをするなよ……」と言いたくなるのですが、そういうことではなさそうです。

もはや、時代は変わっています。

本書の冒頭でも紹介したように、2019年、トヨタ自動車の豊田章男社長（当時）は**「終身雇用を守っていくのは難しい局面に入ってきた」**と述べました。

同時期に経団連の中西宏明会長（当時）も**「企業からみると一生雇い続ける保証書**

を持っているわけではない」と言いました。

そしてサントリーの新浪剛史社長は、**「45歳定年制にして、個人は会社に頼らない仕組みが必要」**と言いました。

日本を代表する経営者が、雇用を守る慣行に一石を投じる発言をしたのです。

これが、実情です。

「ウチの会社は大丈夫だろう」と考えるのは、通用しないと思ってください。

会社に依存せず、自分のことは自分で守る。それが正解としか言えない時代に入っているのです。

会社に依存するな。「利用」しろ

近年の風潮では「会社員であること」「ずっと同じ会社に勤めること」をネガティブに論ずる方もいらっしゃいますが、私は一概にはそう思いません。

会社員だからこそ、大きなプロジェクトに関われることも多いですし、会社員だからこそ、普段は会えない人と会えることも少なくありません。

だからこそ、こう考えるとスッキリします。

会社は「依存」するものではなく、「利用」するもの。

小さな力で大きな力を生み出すことができる、いわゆるテコの原理と一緒。

「会社」をテコと考えるのです。

私は、かつてリクルートという会社で営業をしていました。

20代後半の頃、あるテーマパークの採用戦略を担うプロジェクトメンバーとして従事していたことがありました。そのプロジェクトは、大手企業数社の合弁プロジェクト。民間、行政、国内、海外の関係者とともに進めるプロジェクトでした。

新しい雇用を生みだす社会的意義のある仕事に誇りを感じたものです。

とはいえ、その時点での私は、まだまだ実力不足。リクルートという会社の一員でなければ、その任務に就けないことは明らかでした。

まさに、会社の力をテコにして、大きな仕事に挑戦する機会を得た状態です。

また、このテコの原理は、能力アップにも使えます。

ビジネス書を100冊読むだけでは、まず成長はできません。

人は仕事（経験）を通じて成長するものです。

私自身を振り返っても営業、管理職、事業の責任者と経験しましたが、いずれも「テコの原理」で自分自身の能力を飛躍させる機会であったことは間違いありません。

責任者の経験を積むことで、ビジネスパーソンとして成長する機会は必ずあります。
これも、会社員の特権とも言えるわけです。

◎常に危機意識を持て

でも、「会社」をうまく利用している人もいれば、できていない人もいます。
利用できている人の考え方には、どのような共通点があるのでしょうか。

それは、次の2つの**「危機意識」**を常に持っているかどうかです。
危機意識の1つは、**「自分以外の人がやれば、この仕事をもっとうまくやれる可能性はないか」、という危機感。**そう思うからこそ、「ベストを尽くさねば」と考えるわけです。

この危機感があるからこそ、周囲が満足する結果を出し、さらなる大きなチャンスがやってくる。そんな「わらしべ長者」的なサイクルが働いているように見えます。

会社は利用するもの

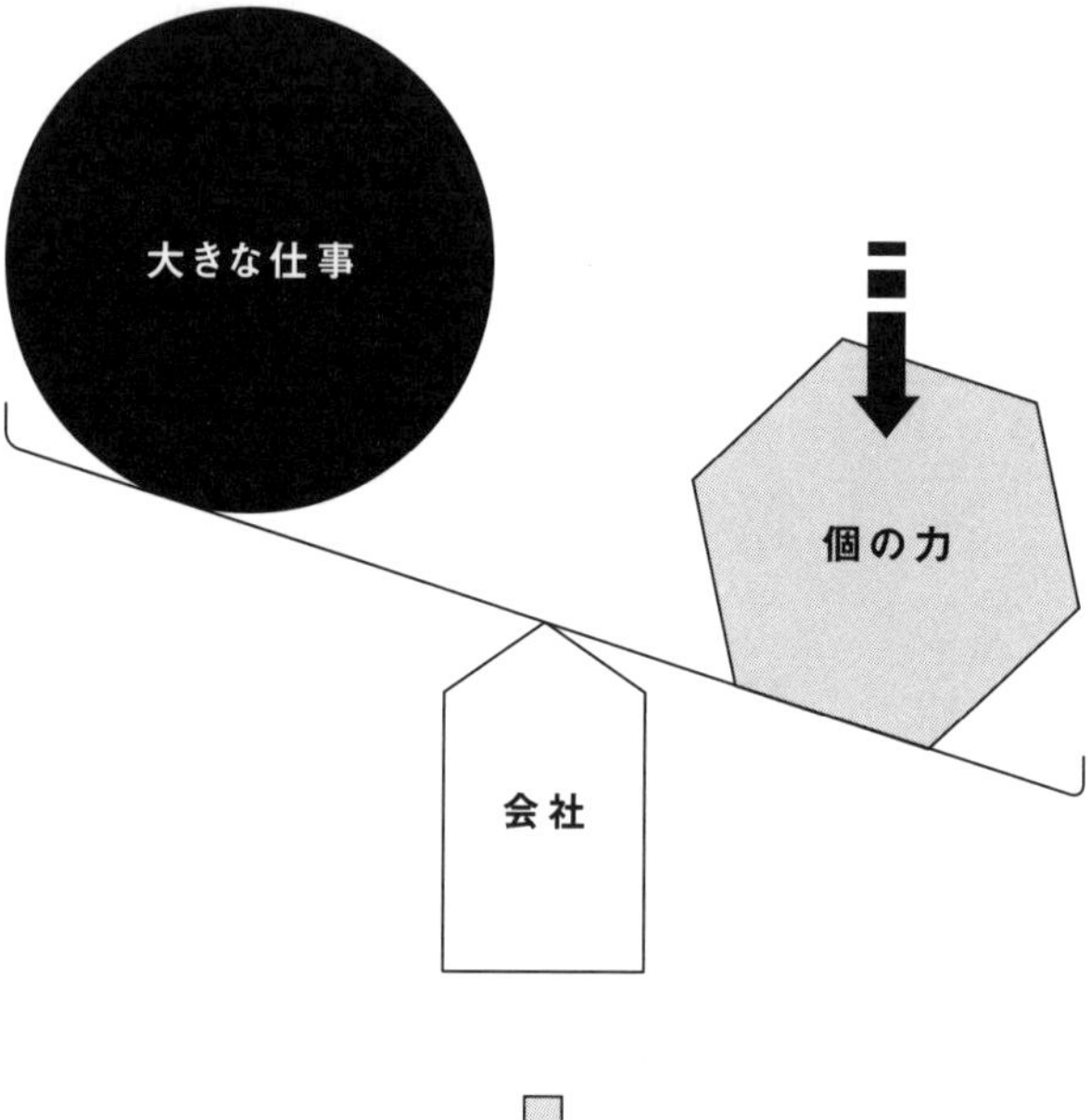

実績は、あなたの信用となる

もう1つは、**「自分が、給与以上の仕事ができているかどうか」**です。

「人的負債（ヒューマンボンド）」という言葉があります。

本来、人材は、人的資本（ヒューマンキャピタル）と言われる会社の財産です。

しかし、支払う給与以上の価値を出せない場合、その人のことは「人的負債」と形容されるのです。

特に給与が高くなる30代以降は、人的負債としてカウントされる人が出る時期でもあります。この感覚を持っておくと、組織の一員に甘んずることなく会社と健全な関係でいられるでしょう。

「所属」ではなく「ジョイン」する

会社との正しい付き合い方についてお勧めしたい考え方があります。

会社に「所属」する発想ではなく、携わる事業の成長に「ジョイン」するといった気持ちで取り組むのです。

実のところ、この考え方は古くから言われているもの。

2002年に刊行され、今も読み継がれるダニエル・ピンク氏のベストセラー『フリーエージェント社会の到来』の中では、会社員であったとしてもプロのフリーランスのような気概で働くことの重要性が示唆されていました。[2]

当時、外資系企業に勤める友人たちは、「まさに」といった反応をしていましたが、国内企業に勤める多くの会社員は、そこまでの認識にはいたっていなかったように思います。

実際のところ、契約上においては「雇用」をされている従業員です。

ところが、あなた自身は、あたかも仕事を請け負う「フリーランス」のごとく、そんな心持ちで仕事をするのです。そう考えることで、**「会社ありき」の自分ではなく、「自分ありき」の発想**に切り替えやすくなります。


営業であれば、「営業目標を達成することを請け負うプロ」として。

採用担当であれば、「採用目標を請け負うプロ」として。

製造担当であれば、「高品質を維持するプロ」として。

経理であれば、「ミスなく、キレイな帳簿を作成するプロ」として。

管理職であれば、「部下を成長させるプロ」として。

職場の誰よりも成果にコミットし、あたかも、業務委託されるプロのフリーランスのような感覚を持つわけです。

◎一人のプロとして会社に貢献する

イメージとしては、TVドラマに出演する俳優と同じです。

俳優は、プロの演者として、そのTVドラマが高視聴率を獲得できるよう全力を尽くします。そのTVドラマに所属しているわけではありません。

ゆえに、彼らは他の番組にも出演しますし、そのTVドラマが終わったとしても、また声がかかり、別のTVドラマで高視聴率を獲得できるよう全力を尽くします。

これが、まさに「ジョイン」の感覚です。

私も会社員時代、この「ジョイン」の発想で仕事に従事してきました。

会社に従属している感覚がなくなり、事業の発展のために、一人のプロとして貢献しなければならないという気概が生まれたのです。

ついには「会社が用意してくれるデスクやコピー機を自由に使わせてもらえるので、社員は恵まれているな」とまで、思えるようになりました。

契約は従業員でも、
プロの「フリーランス」のように携わる

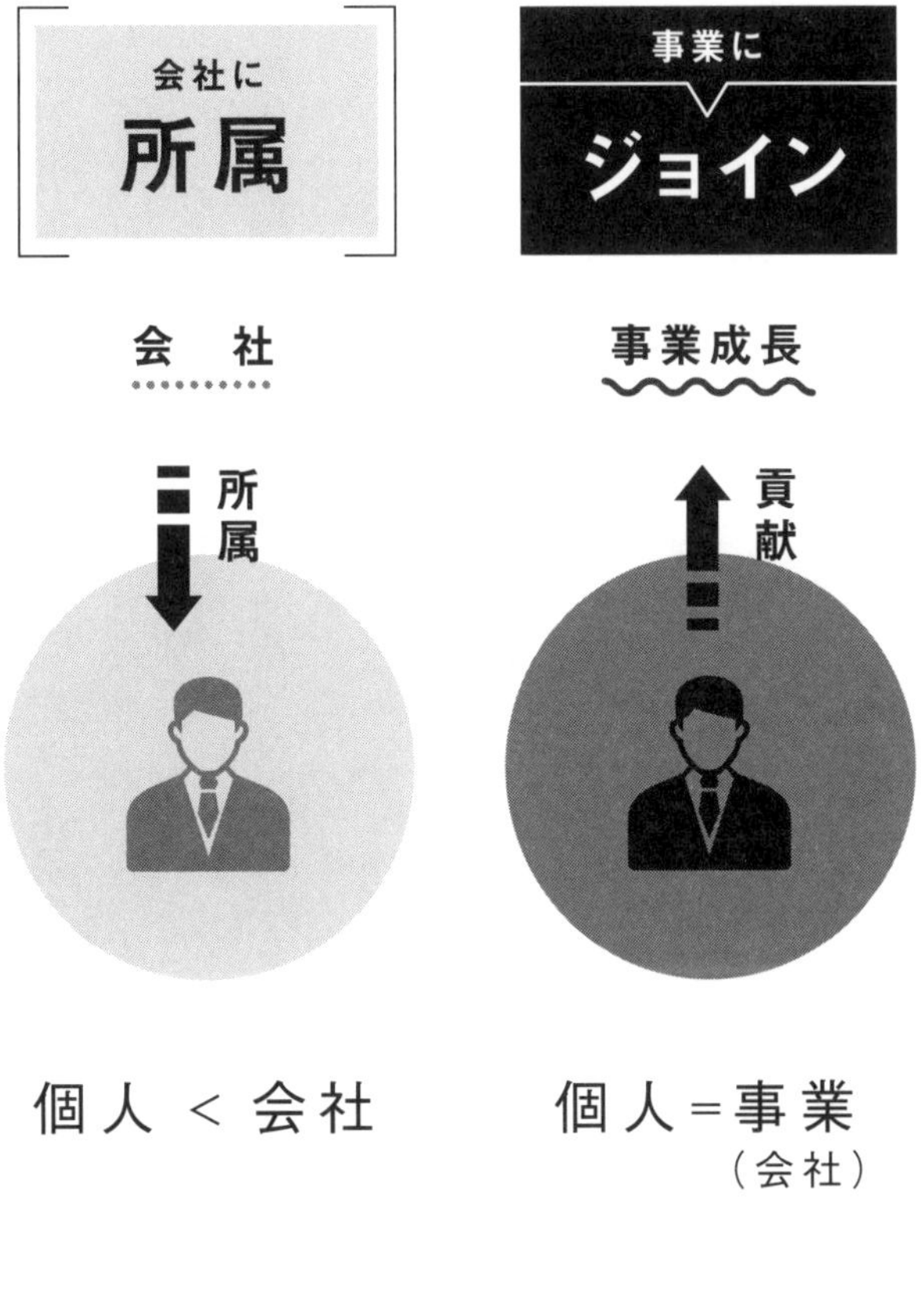

あなたの会社も、「成果主義」的な要素が、かつてより増えていませんか？

以前より、ＭＢＯ制度（目標管理）が、しっかりと運用されていませんか？

まじめに出勤して仕事をこなすだけでは評価されにくいのではないでしょうか。今は成果を明確に求める会社が増えています。

これが、現代の経営者や人事が社員に期待する、常識にもなっている考え方なのです。

逆算でキャリアプランを仮決めする

なぜ人は、会社依存の状況になるのでしょうか？

理由はシンプル。

「自分がどうなりたいのか」をキチンと考えようとしないからです。

キャリア論では、キャリアは逆算で考えるものではなく、偶然の積み重ねであるという「計画的偶発性理論」という考え方が注目されていますが、それは将来をイメージしなくてもいいということではありません。

やはり、自分のキャリアをイメージするのは必要です。

そこから、〝ある程度〟でいいので、「逆算」で考えるのです。

では、その〝ある程度〟の逆算とは何か。

「ありたい姿」から今を考えることに他なりません。

まず、考えるべきは、次のようなこと。

「将来、どうなりたいと思っているのか？」（ビジョン）
「一年後、三年後、いつ、どうなっていたいのか？」（計画）
「その計画を実現させるためには何が必要なのか？」（戦略）

なんだか、会社経営のようですよね。

でも、本質は一緒です。会社もこれらがなければ、行き当たりばったりになってしまい、健全な経営はできません。それは個人も同じです。

でも「個人でそこまで考えている人は多くない」と思いませんでしたか。

しかし、考えている人は30代に入ったタイミングで考えているのです。

◎ニトリが実践している「逆算」キャリアプラン

たとえば、ニトリ。

ニトリでは「80歳までの自分の夢を書き、会社に提出すること」が、全社員の半年に一度の課題になっています。[3]「80歳からの逆算したキャリアプラン」を新入社員のうちから考えるのです。20年後の自分、10年後の自分、5年後の自分……と目標を立てるのです。

もちろん、80歳までの夢を考えるのは容易ではありません。

でも、ある程度は、考えられるようになると言います。

これは、「ゴールから逆算して、やるべきことを考える人」になるトレーニングの一貫として行われており、私は、これが30年以上にわたる会社の増収増益を支えている人材育成の秘訣だと考えています。

ニトリには、若くして社内で活躍される方、また、卒業されて活躍される方も大勢いらっしゃいます。私もご縁があり、多くの方と接点を持っていますが、みなさんがイキイキとされていることが、とても印象的です。大学生（文系）の就職企業人気ランキング1位[4]であることも頷けます。

私が勤めていたリクルートグループも同様です。

半年に1回、面談があり、「将来、どうなりたいのか」「そのために、今、どんな力を身につけたいのか」と上司と会話する機会がありました。

ここで「課長になりたいです」と言ったとすると、「その先は？」とさらに質問されます。「部長」と回答すると、さらに「その先は？」と聞かれる、そんな面談です。

これは、「会社の中」だけで考えるのではなく、自分自身が「どうなりたいのか」をある程度でいいので考えなさい、という洗礼でもあるのです。

私が登壇する「キャリアデザイン研修」で受講者に尋ねる質問があります。

「将来、ある程度でいいので、やりたいことはありますか？」

ある会社では、8割が「ある」と回答します。

しかし、ある会社では、8割が「ない」と回答します。

会社で、今後のキャリアを考える面談があるかどうかが、その差になっているようです。

こうなると、会社のせいにもしたくなりますが、本来であれば「自分」が考えることであり、「会社」が施すことではありません。

「会社のせい」にする発想こそ、会社依存です。

ここからは、「逆算」であなたらしいキャリアを考える方法を紹介していきます。

「本当にやりたいこと」を見つけるヒントにしてください。

「将来の解像度」を上げるテクニック

会社員の場合、思い通りのキャリアにならないこともあるでしょう。

でも、「課長になりたいのに、なれないじゃないか」と、会社のせいにするわけにはいきませんよね。自分のキャリアは、すべて自分のせいにしないといけないのです。

実際、多くの経営者、人事部門の方々から、このような相談を受けます。

「自分自身が、〝どうなりたいのか〟を考えずに、受け身になっていることを何とかしたい」と。これが、弊社をはじめ、研修会社に「キャリアデザイン」研修の依頼が来る理由です。

とはいえ、急に「こうなりたい」と考えなさい、と言われても困りませんか。

そう簡単には、なりたい姿をイメージしにくいこともあるでしょう。

そんな時に、やっていただきたいお勧めの方法を紹介します。

今の年齢をスタート地点とし、**1歳ずつ年齢を重ねるように、年齢ごとに、「どうなっていたいのか」をタイムマシンのように考える方法**です。


次頁の図をご覧ください。この図は、私が35歳の時に書いたもの。


35歳の私は、営業部門の部長をしていました。

その頃より、何となく40歳頃には本を出版したいと思っていました。

また、40代のうちに自分の会社を設立したいと、これも何となく思っていました。

もちろん、会社の中でキャリアを活かす方法もあったと思います。

しかし、前職のリクルートは、たとえ責任者であっても40代で次のキャリアを選択する人が多く、私も自然とそう考えていました。

タイムマシンのように未来を書いていく

「何となく」でOK。
それでも近いところに着地する

今ココ

	状況	子の年齢
35歳	営業責任者として従事	8歳
36歳		9歳
37歳		10歳
38歳		11歳
39歳		12歳
40歳	本を出版	13歳
41歳		14歳
42歳	研修会社で法人を設立する	15歳
43歳		16歳
44歳		17歳
45歳		18歳
46歳		19歳
47歳		20歳
48歳		21歳
49歳		22歳
50歳	自分自身と会社をブランディングできている	23歳

50歳になったときのことは、イメージするのが難しかったのですが、何となく「営業研修の第一人者になれたらいいな」と思い、とりあえず書きました。

◎ なりたい姿をリアルに考える

「夢に日付を」と提言したのは、ワタミの創業者、渡邉美樹氏。

「いつ、何をするか」を具体的にすれば、実行力は2倍以上になると示唆したのは、著名な社会心理学者、ハイディ・グラント・ハルバーソン博士。


まさに、そのことを何度も実感しています。

100％その通りにはならないものの、近い形で実現することを実感しています。

メモに書いた通りに本も書いていますし、法人も設立しています。

何が何でも、そのタイミングで思い切って実行するといった感覚ではなく、日々の選択を繰り返す中で、何となく自然とその方向に近づいているといった感覚です。

ぜひ、あなたの未来をタイムマシンのように書いてみませんか。

「マジ!? 45歳ってあっという間じゃん」と、未来をリアルに感じるはずです。

さらに、家族（子ども）がいる場合、子どもの年齢を添えると、よりリアルになります。

「え、この時、子どもは高校生になっているのか……」と、焦りに似たような感覚に襲われるでしょう（私は、めちゃくちゃ焦りました）。

必ずしも独立や転職を促しているわけではありません。

今の会社でできることもありますし、他の事業部でできることもあります。

大事なのは、自分のなりたい姿をリアルに考えてみることです。

キャリアを「ピボット」する時代

最近、「どこにピボット（Pivot）するべきか」といった言葉を耳にすることが増えました。ピボットとは「方向転換」のこと。

今は、自らを成長させるべく、どの「キャリア」にピボットしていくのか、自分で考える時代です。

次頁の図をご覧ください。この4象限は、企業の人事部が人材戦略を考える上で使う「人材ポートフォリオ」をヒントに、個人のキャリアを考えるポートフォリオにアレンジしました。

キャリアをピボット(Pivot)する

今は、あなたの進みたいキャリアに
自分の意志で「方向転換(ピボット)」できる時代!

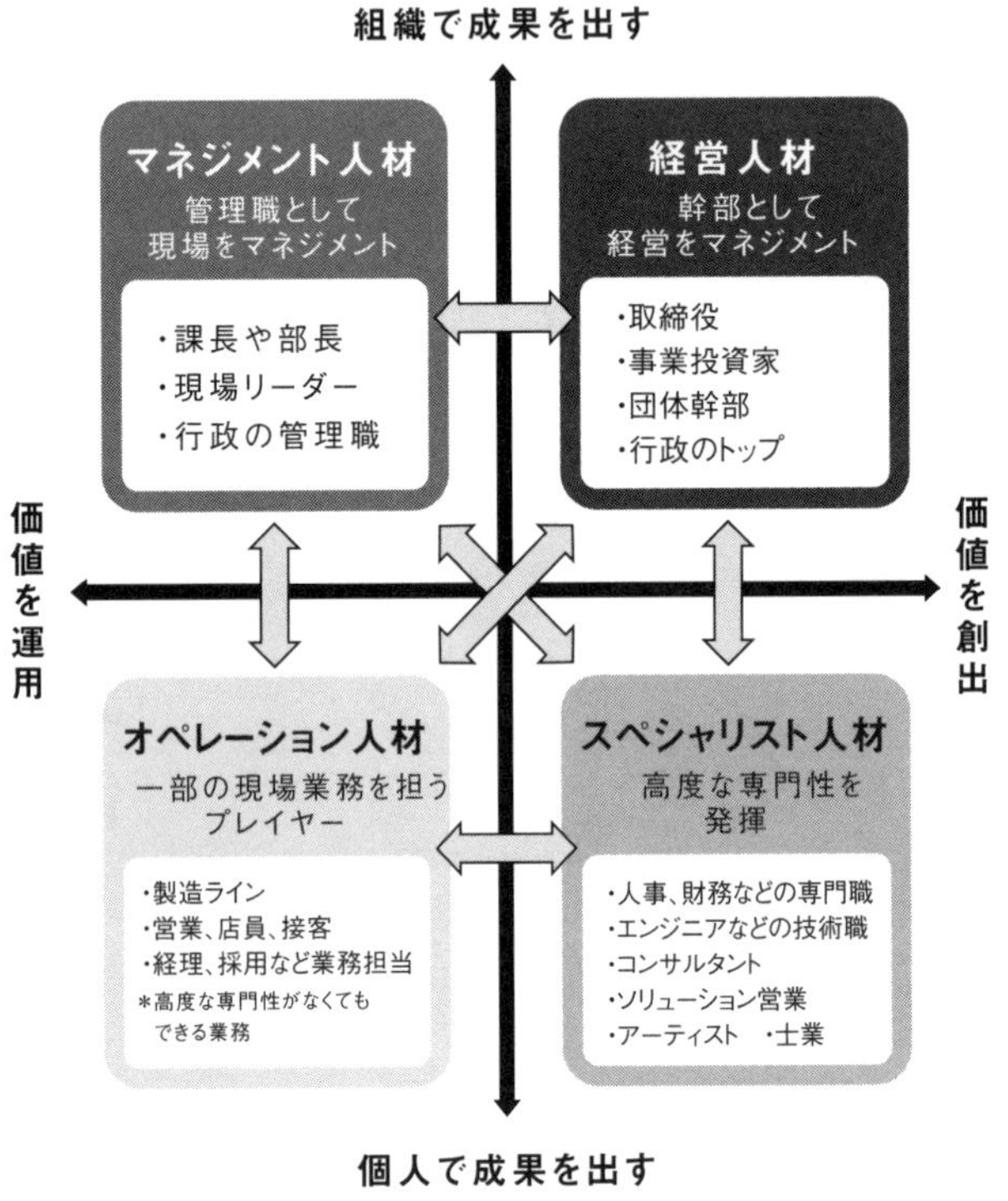

縦軸が「個人で成果を出す」か「組織で成果を出す」かの軸。

横軸が「価値を創出する」か「価値を運用する」かの軸で構成されています。

実際、世の中のすべてのキャリアは、この4象限で整理できます。

まずは、今のあなたが「どのキャリアにいるのか」、そして、「どこにピボットしていきたいのか」を確認しながら、読み進めてください。理解しやすくなるはずです。


では、各象限ごとの解説をしますね。

A：経営人材

幹部として経営をマネジメントする人材。例としては、「会社の経営者・役員」「団体の代表・幹部」「行政のトップ（知事・市長など）」などが該当。起業家、プロ経営者、内部昇進、会社（株式）を買う、推薦、選挙などを通じて経営に携わる人がいます。

B：マネジメント人材

中間管理職として現場をマネジメントする人材。例としては、「会社の課長・部長」「団体の現場リーダー」「行政の管理職」などが該当します。従業員や職員として従事する人が一般的ですが、最近では業務委託として従事する人もいます。

C：スペシャリスト人材

高度な専門性を発揮する人材。例としては、「その職種のエキスパート（人事、財務、調理師など）」、「プログラマー」「デザイナー」「コンサルタント」「士業」などが該当。従業員、フリーランサー、一人社長、副業として従事する人もいます。

D：オペレーション人材

現場のオペレーションを担うプレイヤー人材。例としては、「営業」「経理」「店員」「製造」など、いわゆる一部業務を担うプレイヤー。社員もいれば、アルバイトやパート、派遣、フリーランス、業務委託など、形態は多岐にわたります。

さて、今のあなたは、「どの人材」でしたか。

現時点では、どの人材であってもいいのです。

大事なことは、**4つのキャリアのどこにでも行ける**事実を知っておくことに他なりません。

◎「人は、何者にでもなれる」は、本当か？

「人は何者にでもなれる」という言葉、どこかで耳にしたことはありませんか。

中田敦彦さんが、自身の人気YouTubeチャンネルで語る決めゼリフです。

しかし、果たしてこの言葉は本当なのでしょうか？

結論から言うと、本当です。どの「キャリア」にでもピボットできます。

では、なぜ実現可能なのか、その理由を探っていきましょう。

まず注目してほしいのは「キャリア・ポートフォリオ」の4象限を結ぶ「矢印」です。この「矢印」が示しているのは、どの象限への移動も可能であるということです。

例えば、こんな人がまわりにいませんか。

・自らの意志で、昇進試験を受けて管理職になった。
・資格を取得し、今はスペシャリストとして活躍している。
・会社では、工場の作業員だが、地域のスポーツ団体の監督をしている。
・職場では、オペレーション人材だが、労働組合のリーダーを兼務している。

いかがでしょう。これは「ステップアップ」のスタイル。
以前からよくありますよね。
では、今度は、「パラレル」で実現しているケースを紹介します。
すべて、私が実際に知っている人の例です。

・ワイン輸入の個人事務所を経営する、上場企業の研修担当者。
・YouTubeの動画制作をフリーで請け負う出版社の社員。
・資本を出し、運営を任せる形態で「おにぎり屋」の経営をする営業課長。

・ビジネス書の著者でもある、外資系企業のトップセールス。
・ベンチャー企業の営業部門をマネジメントする、フリーのコンサルタント。
・ファンド会社を経営しながらも、会社員として中途採用で入社した新人営業マン
（営業をイチから学ぶため、会社を部下に任せ、自分は会社員に）。

これらの例からもわかるように、自分の意志でキャリアをピボットできる時代なのです。


むろん、副業が認められていない会社もあるでしょう。

それでも、「パラレル」スタイルをあきらめる必要はありません。

いくらでも方法はあります。

資本だけを出して、運営は人に任せる方法でも可能でしょう。

また、無償で機会を作る方法も可能です。私が会社員の時がそうでした。営業部門の責任者をしながら、ボランティアで研修の機会を得ていた時期もありました。

私の元部下の話をさせてください。

彼女は、求人媒体の営業担当（オペレーション人材）でした。

その業務には、求人広告に掲載する会社やお店をデジカメで撮影する業務も含まれていました。使用するのは会社から支給される安価なデジカメです。

ところが、彼女は上司の許可をもらい、趣味で使っている一眼レフのカメラで撮影をし始めます。その〝プロはだし〟の写真は顧客の評判もよく、一気に営業成績が上がり始めたのです。

そうこうするうちに、彼女はフォトグラファーとしての修業をし始めます。

センスがあったのでしょう。気がつけば、個展をひらくほどになっていました。

今では、会社を辞め、サイン会を開くほどの人気作家です（スペシャリスト人材）。

そうなったのも、本人いわく、求人媒体の営業がきっかけなのですから、キャリアは無限であることを確信します。


つまり、**自分自身の成長と変化に対する意欲があれば、いつでも新しい道を切り拓**

くことができるのです。30代は、まさに絶好の時期。ぜひ自分のキャリアに対する考え方を整理してみてはいかがでしょう。

「人は何者にでもなれる」という言葉は、私が知る限り、真実なのです。

「ワークライフバランス重視」の落とし穴

「仕事はそこそこでいい。プライベートを充実させたい」。

近年では、そんな風潮があるのも事実です。そのため、仕事は「オペレーションで充分」と考える人も少なくありません。

もちろん、ワークライフバランスは大事です。私も同感です。ところが隠された落とし穴について、理解しておくべきことがあります。

オペレーション人材は、「不利なキャリア」になりやすいのです。

なぜなら「代替」が利きやすいからです。

例えば、ファストフードの店員。

現場を担う〝尊い仕事〟です。

ところが、見方を変えると、AさんでもBさんでも、サービスが変わることはそれほどない側面もあります。

工場のラインスタッフも同様。フードデリバリーもそうですし、短時間バイトのスポットワークも一緒。Aさんでも、Bさんでも、それほどの差は生まれません。

そんなこともあり、「オペレーション人材」はコストで判断されます。

ぶっちゃけてしまうと、会社から見て、業務が遂行できれば誰でもいいわけです。コストが見合うなら、人でなくとも、機械やAIがやってくれてもいいのです。

なので、どんなに能力があろうとも、構造的に収入は上がりにくい傾向にあります。

会社によっては、雇用すらも不安定になりやすいといった傾向もあります。

むろん、「オペレーション人材」を選択することがダメではありません。

時間の制約、体力の制約、様々な制約がある場合、時には、〝仕事はそこそこでいい〟がベストな選択であったりもします。

問題は**「良い収入や待遇を得たいと思っても、無自覚にオペレーション人材を目指しているのであれば、それは構造的に難しい」**ということです。

◎「組織の都合」に巻き込まれるな

私が営業責任者の時のことを白状しましょう。幹部からこんな指摘を受けました。

新規開拓の計画が順調に推移していた時のことでした。

営業現場のフロアでは、お互いがその成果をたたえ合い、組織の雰囲気は最高の状態になっていました。そんな時の幹部との会話です。

「計画をクリアした今、営業責任者として、次に考えるべきことがあるぞ。
今の半分のコストで、同じだけの開拓ができる仕組みを作ることだ。
社員がやるべきか、それともアウトソーシングか、それとも他の方法なのか、
その解を責任者として考えねばならない」と。

むろん、営業スタッフに辞めてもらいなさい、ということではありません。生産性の高いオペレーションを追求するために、手を抜く暇はないぞ、と要望されていたというわけです。

「常に事業は変化し、常に組織形態は変わる」と言いますが、実態は少し違います。組織は常に意図を持ってオペレーションを変える宿命にあるということ。

そして、オペレーション人材は、その変化に巻き込まれやすいということ。つまり仕事がなくなる可能性は常にありますし、ましてや給与が大きく上がることは考えにくいのです。

そんなこともあり、もし「より良い条件で、仕事を選べる立場」でいたいなら、オペレーション人材以外のキャリアを歩めるシナリオも考えておくことをお勧めします。マネジメントでもスペシャリストでも、または経営陣であっても、ワークライフバランスを追求することは充分可能ですから。

オペレーション人材は代替が利きやすく、構造的に収入が上がりにくい

経営会議

ココの人件費を3パーセント下げれば
営業利益目標を達成できます。
アウトソーシングに切り替えませんか?

「お金の心配」を減らしておく

角度を変え、「お金の心配」をクリアしておきませんか。

30代以降「お金の心配」によって、会社依存の状況になってしまっている人が少なくありません。給与が高い会社に勤めていれば、会社を辞めたらやっていけないという不安は、より大きくなるものです。

まず、「お金の心配」があるなら、2つのことで「防衛」をしておきましょう。

1つは、現金化できる「資産」を蓄えておくこと。

もう1つは、出来る範囲でいいので「収入源」を確保しておくこと。この2つです。

とはいえ、おおげさに考える必要はありません。

1つ目の現金化する「資産」ですが、**生活費の一年半分**もあれば、かなり精神的に余裕はできます。

把握しておくべきは、いくら現金化できるか、です。

普通預金、生命保険、株式や投資信託、すべてを含めてください。

なんなら、辞めざるを得なくなった際の退職金を含めてもいいでしょう。

総務省の調査によると、30代の2人以上の勤労者世帯では1か月の生活費は平均32万1000円。これを1年半に換算すると約580万です。

「家計の金融行動に関する世論調査（R4）」では、30代の平均貯蓄額（銀行）は526万円（中央値は200万円）ですので、現実的な数字ではないでしょうか。

私自身も30代の頃、ここにはこだわっていました。

やはり、精神的に余裕を持てます。

◎収入源は「複数」確保しておく

もう1つが、複数の「収入源」を確保しておくことです。

配偶者やパートナーがいる場合、ダブルインカムで収入を得ておくと、かなり安心でしょう。

でも、方法はそれだけではありません。

もし、副業が容認されている会社に勤めている場合は、さらに選択肢は増えます。

次頁の図をご覧ください。

これは、毎年、国税庁に提出しないといけない「確定申告書」のシートです。

会社員の場合は、納税を会社がやってくれているので見る機会は、なかなかありません。収入の欄を見ると、「事業収入」「配当収入」など、給与以外の収入があり、複数の収入源を記載する項目があることがわかります。

私の知人で、登録者数が1万人のYouTubeチャンネルをやっている人がいます。

投資が不要なのでノーリスク。にもかかわらず、年数十万円の収入にはなっているようです。

副業が可能なら、収入の選択肢は増える

確定申告シートには、複数の収入を記載する欄がある

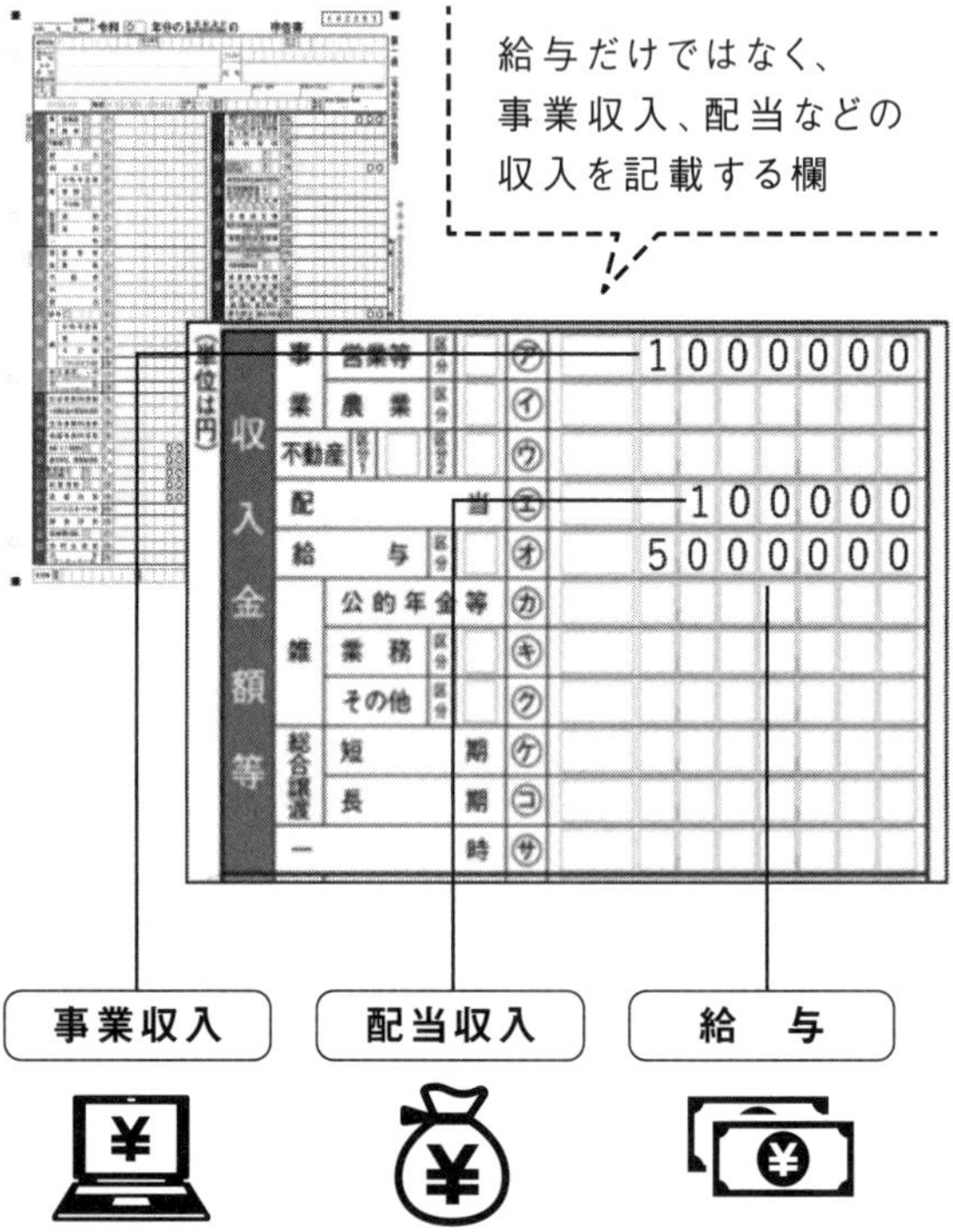

他にも、Udemy(オンライン学習のプラットフォーム)に、プログラミングの講座を開設する人がいます。こちらも初期投資はゼロ。ノーリスクにもかかわらず、月に100万円を超える副収入になっているとのことでした。この人は、SIer(システム会社)に勤務する会社員です。

ここまでくれば、会社を辞めて専業になればいいのでは、と思うのですが、「会社員が好き」と本人は言っていました。

また、大手航空会社のパイロットをしている知人は、副業ができないため、不動産経営の法人を家族で所有しています。高収入にあぐらをかかず、しっかりとリスクヘッジする姿は、堅実だなと感心します。

正解はありません。30代、お金の心配を減らすアクションはとっておきましょう。

「家と職場の往復」で毎日を終わらせるな

長年、キャリア研修に携わってつくづく思うのは、どれだけ「人に恵まれるか」でキャリアは決まると言って過言ではないということです。特に30代は、そのゴールデンタイムと言えるでしょう。

というのも、人生は、意図しない偶然で決まることが、あまりに多く、その出会いが人生に大きな影響を与えるからです。

「普段、職場の同じ人としか会話しない」
「気の合う友人としか飲みに行かない」
「家と職場の往復のみ」

まず、この状態は避けたいところ。

このような生活を10年送っても、人生を変える「偶然」は起こり得ません。

人に恵まれたいのであれば、**「遠い人」と会うことを「面倒くさがらない」**ことです。

では、その「遠い人」とは誰なのか。

自分と「心理的」または「立場的」に距離のある人です。

それは、上司かもしれませんし、取引先の方かもしれません。

他の部署の人かもしれませんし、他社の人かもしれません。

違う世代の人かもしれませんし、海外の人かもしれません。

あなたが、平社員なら、経営者かもしれません。

人生を大きく変えてくれるのは、そんな「遠い人」との出会いであることが多いです。何も濃密な関係でないといけない、ということではありません。

実例を紹介しましょう。

◎30代の「奇跡の出会い」がチャンスになる

私の研修先にいらっしゃる人事責任者も「遠い人」との接点でチャンスをつかんでいます。元々は、その会社を担当する営業だったそうです。

ところが、取引先の社長に挨拶にいったところ、突然、こう言われたそうです。

「ウチに来ない?」と。

人事の仕事への関心が高かったので、すぐさま快諾したそうです。

知人のプログラマーもそうです。その時は、会社員。

その会社の顧客の1つにある大手企業がありました。

その会社のプロジェクトに参画。そこの部長の目にとまったのです。

その部長が、相当なやり手で、彼が関係する社内の様々なプロジェクトへの参加をオファーされます。独立するつもりはなかったそうですが、結果的に自由に動ける状態にした方が良いとの思いから独立。

40代の今、フリーとして活躍し、年収は1億円を超えているそうです。

また、こんな人もいます。私の後輩です。

彼は、独立をするつもりはまったくありませんでした。

勤務先の会社が、ある1つの事業をスピンオフさせ、別法人を設立させることが決定したのです。たまたま、事業のことに精通していたのは担当の彼しかいませんでした。行きがかり上、役員からの指示で彼がその会社の代表になったのです。

きっかけは、「頼まれたから仕方ない」とのことでしたが、40代で東証上場企業に成長させ、今は彼が筆頭株主ですので、驚いたことに、資産は数十億円になっているようです。思えば、彼は、年下、年上、社内、社外、誰とでも積極的に接するタイプでした。

さて、いかが思われましたか。

彼らに限らず、あなたのまわりもそうだと思います。

30代の「奇跡の出会い」が、その先のチャンスになっていることが、本当に多いのです。

6次の隔たり（Six Degrees of Separation）も無視できません。

人は、6人の誰かを介すると、世界中の誰とでもつながっているという、社会ネットワークの考え方です。

「誰かいい人いない？」

「あ、確か、友人の知人で、＊＊さんという人がいました」

チャンスは、そうやって運ばれてくることも少なくありません。

1　東京商工リサーチ　https://www.tsr-net.co.jp/data/detail/1198524_1527.html
2　『フリーエージェント社会の到来』（ダニエル・ピンク著、池村千秋訳 ダイヤモンド社）
3　https://job.mynavi.jp/start/internship/wonderfulintern/nitori/index.html
4　日本経済新聞社と就職情報サイトのマイナビ（東京・千代田）が2025年3月卒業予定の大学生・大学院生を対象とした就職希望企業調査の結果

第 3 章

30代を「人生のターニングポイント」にする方法

1ミリでもいいので、動け

今の会社では、自分自身が成長できない！

ウチの会社は保守的だからダメだ！

ワンマン企業なので、やりたいことができない！


私のYouTubeチャンネルで、よく目にするコメントです。

私の正直な気持ちを言いましょう。

「だったら、人生のターニングポイントにしましょう」。


「自ら機会を創り出し、機会によって自らを変えよ」

くり返しになりますが、リクルートの創業者・江副浩正氏が提唱していた私が指針としている言葉です。

この言葉が意味するのは、「自分のキャリアは、自らが動いて、手に入れるものである」というもの。

このままではマズイと思ったらチャンス。

キャリアアップに向け、学校に通って知識を得るきっかけかもしれませんし、副業を始めてみる時かもしれません。

他の事業部への異動希望を出すチャンスが来たのかもしれません。

私自身も、「成長できているのかな……」とモヤモヤしていた時、希望を出して、社内転職（他のカンパニー）への転職をしましたし、「このままではダメだな」と感じていた時、出版コンテストに応募して本を出しました。

30代で「なんだか、おもしろくないな」と思ったら、それはチャンスなのです。

「このままではマズイ」と捉え直すことで、軌道修正ができるからです。

1ミリでもいいので、動いてみてください。

とはいえ、すぐに「会社を辞めよう」ということではありません。選択肢はいくらでもあります。その中から最適な選択をし、1ミリでもよいので、動くわけです。

この章では、自らが機会を作る具体的な方法を紹介していきます。

「Will-Can-Must」フレームで「やるべきこと」を整理する

1ミリでも動く、と言っても、やみくもに動くのは賢くありません。

ある程度の方向は決めておいた方がいいでしょう。

そのためには、「いつかは、こうなりたい」というイメージを持っておくと、考えやすくなります。


Will-Can-Mustという考え方をご存じでしょうか。

キャリア理論で用いられるフレームですが、次のように整理すると、キャリアを考える上で、今やるべきことが整理できます。

Willは、あなたが〝こうなりたい〟と願う「将来の理想」。

Canは、そのために、習得すべき「必要な能力」。

Mustは、そのために、必要な「実績」。


例えば、次のケースは、私の研修を受講されていた方の例です。

彼女は、生活雑貨の会社に新卒で入社し、いつかは海外部門のマーケティングをしたいと思いながらも、なかなか夢が叶わず、8年間、店舗業務に従事していました。

今はパートさんをマネジメントする現場リーダーです。

そんな彼女から相談を受けました。

「転職をしたほうがいいのでしょうか？」と。


フラットな視点で、一緒に考えることにしました。

考えたのは、WillとCanから。海外部門のマーケティングで活躍したい（Will）のであれば、「必要な能力（Can）」は何なのか。彼女の答えはこうでした。

プロジェクトで動くため、「マーケティングの知識」だけではなく、「多様な人材をマネジメントできる力」、そして「顧客心理を把握する力」も必要だと。

次にMust。必要な「実績」です。希望(Will)を叶えるには実績は必要です。

彼女の答えは、「多様な人材をマネジメントしながら、成果を上げること」と「商品企画ができることを示す必要がある。社内提案制度を使って、入賞を果たすこと」。

そこで、彼女は、「動くべきこと」を決めます。

1　多様な人材をマネジメントできる能力を習得する(自己評価はできていない)

2　その上で、店舗業績で上位になる(今は真ん中位)

3　社内提案制度で新製品の企画を提案する(未実施)

私は尋ねました。「転職は?」と。

彼女の回答は、こうでした。

「これらができていないと、どの会社に言っても、上手くいかないと思う。

「やるべきこと」を整理するステップ

今、できていないことがあるなら
まずはそこから動く

Step1 「Will（意思）」を決めているか？

・どうなりたいのか、自分なりの意思をもつ

▶▶ 難しい場合、126頁を参考に
ロールモデルを探す

Step2 「Can（能力）」を決めているか？

・また将来のWillに向けて
どんな能力が必要なのかを決める
・その上でアクションにうつる
（今の業務で習得、または別途勉強する）

▶▶ 難しい場合、第4章を参照

Step3 「Must（実績）」を決めているか？

・そのWillを実現させるために
どんな実績が必要なのかを考える（実績＝信用）
・その上でアクションにうつる

▶▶ 難しい場合、131頁を参照

今は、これらの力をつけ、実績を作っておくべき時期である」。

まさに、そうです。

賢いキャリア選択とは「合理的」にWillから逆算で考える、に尽きます。

彼女の場合、「今、社内でできること」をした方が合理的と判断したわけです。

もし、彼女が、「1、2、3」をすでにやっていながらも、チャンスを得ることができないのであれば、転職を視野に入れることは合理的な選択です。

30代からは「複数のロールモデル」を見つけよう

「いずれは、こうなりたい」といった願望が見つかっていない方もいるでしょう。
わからない時は、**「ロールモデル」**を見つける方法がお勧めです。
ロールモデルは、あなたが「いいな」と思う人のことです。
1人でも、いいですし、複数でも構いません。
その人を観察すれば、たくさんのヒントを得られるからです。

実は、私も複数のロールモデルがいました。
その1人は、前職でマーケティング研修を受講した際の研修講師です。
本やメルマガやブログで考えを発信される、当時としては珍しいインフルエンサーでした。

話を伺うと、事務所を持たず、好きな場所で仕事をされると知り、こんなスタイルもいいな、と思ったことをきっかけに、彼の本やメルマガをフォローするようになりました。

さて、現在の私はどうかというと。

彼のように、企業研修をしています。また、本を出しています。

ブログではないですが、YouTubeやVoicyをやっています。

場所や時間も自分の裁量で仕事をしています。

マネをしているわけではありませんが、何となく自分流にトレースしている気がします。

「学ぶ」の語源は、「真似ぶ」である、と聞いたことはないですか。

ロールモデルを「真似ぶ」ことが、第一歩というわけなのです。

ロールモデルを参考にする際、そのままコピーをするのは得策ではありません。あなたの強みが消える可能性があるからです。

◎「コピー（真似）」より、「インスパイア（触発）」

インスパイアとは、見聞きした素晴らしいものから感銘を受け、触発されることを言います。

ロールモデルを見つけ、真似ぶ（インスパイアされる）ことこそ、30代でやっておくべき重要なタスクだと言えるでしょう。

ロールモデルは、いろいろな人と接しないと見えてきません。

「会社と家の往復しかしていない」「いつも会話する人が固定されている」という人は、意識的に新しい相手と会話をしてみると、お手本が見つかることもよくあることです。

また、ビジネス書、YouTubeなどからロールモデルが見つかることも少なくありません。

ロールモデルの見つけ方

「テーマごと」に探すと ロールモデルを見つけやすい

それでも、手本にしたいロールモデルが見つからないなら、「その人」ではなく、「見習いたい点」で見るといいでしょう。

「Aさんの上司との接し方は見習いたいな」、「Bさんのお客様との接し方は見習いたいな」、「Cさんの決断力は見習いたいな」、といったように「要素」の〝いいとこどり〟の発想で観察をすると、見つけやすくなります。

今までのキャリアに「ちょい足し」するだけで希少人材になれる

自分らしいキャリアを歩むために、自分は「何屋」になりたいのか決めておくことはお勧めです。むろん、そんな看板を掲げるわけではありませんが、「この人は、何ができる人なのか?」といったブランディングをする考え方です。

私の30代は、「人材ビジネスで、売れる営業組織を作るマネジメント屋」でした。

そう決めることで、読む本も変わりますし、休日の過ごし方も変わります。

会社が用意してくれる手挙げ制の研修も積極的に受講するようになりました。

何よりも、仕事への向き合い方が変わります。

教育評論家の藤原和博氏による有名な理論があります。

3つの領域で「100人のうち1人」になる努力をすれば、「100人に1人」×「100人に1人」×「100人に1人」＝「100万人に1人」なので、誰もが希少人材になることができる、というものです。

まさに、私もそうだと思います。

ただ、「100人に1人になるのも、現実味がない」と思う人もいるのではないでしょうか。

そんな人に私のお勧めの方法を紹介します。

新たな経験を〝ちょい足し〟するだけで、希少人材になる方法です。

30代以降ならば、それなりの経験があるものですが、「とても世間で通用しないかも」と不安になることが多いのも、この年齢です。

でも、あなたの経験は、間違いなくあなたの資産になっているはずです。

そこで、その経験に、ほんの少しの新たなノウハウをつけてみてください。

図をご覧ください。

30代以降は「ちょい足し」で希少人材を目指せ

経験した業務は「資産」である

・介護人材を派遣する事業の営業(2年経験)
→新規開拓(テレアポ、飛び込み)

・技術者を紹介する
人材紹介事業の営業(4年経験)
→顧客への提案営業

＋

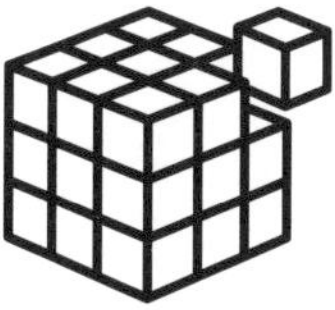

「新たな経験」をちょい足しするだけで

・事務職を派遣する事業の営業を
経験しておきたい

・マネジメントの経験をしておきたい

＝

「希少人材」になれる!

・「派遣業」にも「人材紹介業」にも精通

・「介護職」「技術職」「事務職」の
領域にも精通

・「営業」「マネジメント」の双方ができる

「経験した業務」をベースに、経験を〝ちょい足し〟すると、意外と希少性が出ることが多いのです。

この場合も、営業職として従事する人が今までの経験をベースに、経験を〝ちょい足し〟すると、「派遣業」にも「人材紹介業」にも精通し、さらに、「介護職」「技術職」「事務職」の全領域にも精通し、「営業」「マネジメント」の双方ができる稀有な人材になることがわかるでしょう。

むろん、100万人のうちの1人にはなってはいません。

でも、確実にこのような人材を必要とする会社はあります。

繰り返しになりますが、あなたの経験は絶大なる資産です。

まずは、そこから〝ちょい足し〟する経験を考えることをお勧めします。

上司に「希望」を伝えることを恐れない

第2章で、キャリアをピボット（方向転換）することの大切さを紹介しました。

キャリアのピボットを成功させるために、ぜひ提案したいのが、**「遠慮せずに、上司に希望を伝えること」**です。

「え、いいの？」と思われたかもしれません。

でも、伝えていないなら、ひょっとしたら損をしているかもしれません。

「任用の優先順位」が上がることは間違いないからです。

その理由を解説しましょう。

多くの上司が考えていることを知ると、その答えはすぐにわかります。

・どうせなら、「やりたい」と考えている人に、やってもらったほうがいい。
・一方で、機会を与えないと、会社を辞めるリスクもある。

特に、後者「辞められたら困る」、これは多くの上層部が特に思っていること。人事の自己申告制度、希望者の部門間異動を施行している会社は少なくありませんが、優秀な人材を流出させないためでもある、と考えれば合点がいくでしょう。

実際、「マネジメント人材」になりたいのに、なれないことはよくあります。本人が気づいていない「足りない何か」があるのです。

その「足りない何か」を把握できないままに、頑張っても状況は変わりません。なので、希望を伝えたとて、「足りない何か」があるわけですので、すぐに叶うことは、まずありません。また、組織全体を考えた際、「まだ時期尚早」となるのもよくあることです。

なので、むしろ、こう考えてください。

希望を伝えることで、「足りない何か」を教えてもらい、解決に向け努力する、と。

◎「希望を伝える人」はチャンスを得やすい

私の研修先で実際にあった話です。

彼は、マネジャー（課長）になりたいのに、なれないことにジレンマを感じていました。そこで、彼は、思い切って部長に直談判したのです。

「そろそろマネジャーに挑戦したい」と。

すると、部長は、こう切り返しました。

「なぜ、そこまでしてマネジャーになりたいのか？」と。

「昇進することで、より大きな仕事ができると考えているから」と彼は答えます。

そこで、部長は、ズバリこう言ったのです。

「だから、まだ早いと思っている。昇進せずとも、フォロワーシップを発揮すれば、できることはたくさんある。でも、まったくその行動がない。今のままでは、マネジャーになったとしても通用しない」と。

そこから、彼は生まれ変わります。課長になったつもりで仕事をしたのです。

すると、1年後に、マネジャーになっていました。


私も、少なからず任用する側を経験したからこそ、わかります。

明らかにトップ査定をとっているような人は、白羽の矢が立ちやすいものです。

でも、そうではない場合、**「遠慮して希望を言わない人」より、「希望を伝える人」のほうが、チャンスを得やすい**ことは間違いありません。

「希望を伝えた人」が得をする

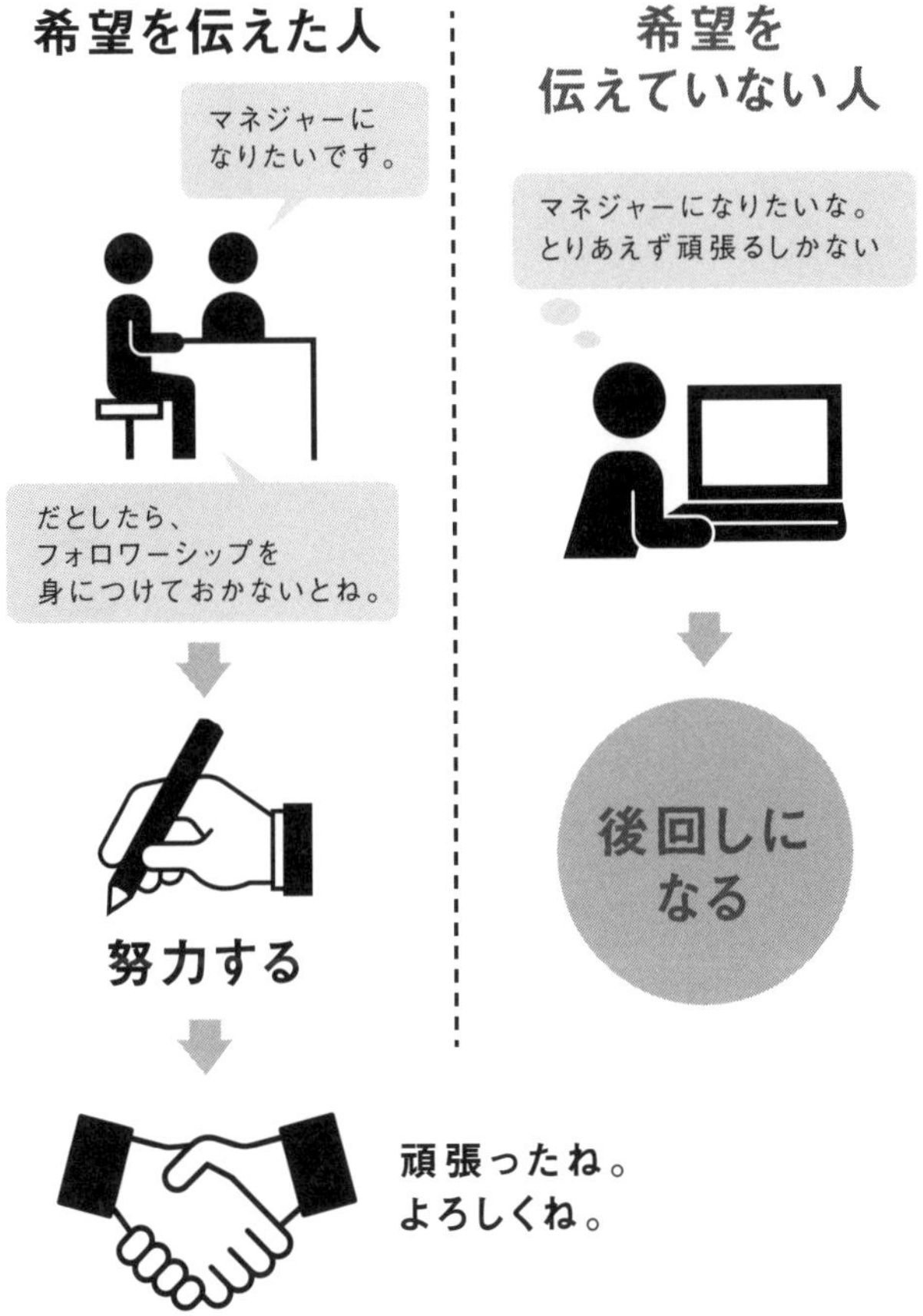
希望を伝えた人
マネジャーになりたいです。
だとしたら、フォロワーシップを身につけておかないとね。
努力する
頑張ったね。よろしくね。
希望を伝えていない人
マネジャーになりたいな。とりあえず頑張るしかない
後回しになる

あなたが「転職すべき」タイミング

転職について、考えてみましょう。

まず、結論からお伝えします。

人によっては、**「環境を変えた方が、跳ねる」**、これは事実です。

そのためには、自分は、果たして「跳ねる側」なのか「跳ねない側」なのかを冷静に考える目も必要です。


確かめ方は、この基準。

「あなたのポテンシャル（能力）の状態」、「機会の有無（活躍の機会、成長の機会）」、「あなたへの評価や報酬の状況」、この3つの要素で考えると整理ができます。

こんな人は、転職で跳ねる可能性が高くなります。

その①
〇……「本人のポテンシャル」は高い（能力がある）。
〇……「今の会社で活躍機会」もある（実際に貢献している）。
×……しかし、方針に合わず、「評価や報酬がデフレ（実力以下）」の状況。
※イメージ：評価や報酬が低いハイパフォーマーのパターン（ギャラの低い売れっ子芸人のようなもの）。

その②
〇……「本人のポテンシャル」は高い（能力がある）。
〇……「評価」も受けている（報酬も満足、考課も良い）。
×……しかし、会社の方針、契約形態、社内環境に制約があり、「成長機会に恵まれない」（これ以上の活躍機会がない）。
※イメージ：契約形態などの要因で、キャリアの天井があるパターン。

このように、ポテンシャルがありながら、「活かせていない」「成長ができない」「評価をされていない」などの場合は、成功する可能性が高いのです。

気をつけるべきは、「ポテンシャル」が伴わないのに、それ以上の待遇を求める場合。むろん、うまくいく場合もありますが、中には長い目で見ると、「活躍機会」、「評価」は得にくい状況になる人も少なくないのです。

「こんなはずではなかった……」、そんな転職はしたくないものです。

では、どのようにすれば自分のポテンシャルがわかるのか。

ある程度、転職経験のある人で、あなたのことを「自分のこと」のように考えてくれる人（友人、先輩など）に相談することをお勧めします。

それでも、わからない場合は、人材紹介会社で確かめる方法もあります。

私も相談を受けることがありますが、第三者だからこそ冷静にわかるものです。「今は、まだ早いかも」と伝えることもあれば、「私なら動くかな……」と示唆することもあります。迷った時は、人に聞く。それも鉄則です。

「跳ねる」転職かどうかは、能力次第

一例

**能力があり、活躍もしているが、
評価・報酬に恵まれていない人**

ポテンシャル（能力）	○
今の会社での活躍機会	○
今の会社での評価・報酬	×

**能力があり、
活躍し、評価もされているが、
契約形態などの理由で、
成長機会に恵まれない人**

ポテンシャル（能力）	○
今の会社での活躍機会	×
今の会社での評価・報酬	○

一例

**能力不足のため、活躍機会、
評価に恵まれていない人**
（転職先でも同じことになりやすい）

ポテンシャル（能力）	×
今の会社での活躍機会	×
今の会社での評価・報酬	×

「人材紹介会社」に登録すべきか？

人材紹介会社に登録しておいたほうがよいのか、といった相談を受けることがあります。私としては「不安ならしておいてもいいのでは」といった程度の回答になります。

実のところ、**飛躍を目指すのであれば「人材紹介」ではなく、「経営者たち」から請われる状態を目指したほうが、圧倒的に有利**だからです。

というのも、まず人材紹介を介する転職は「同じレンジ（範囲）」でしか転身できません。私も人材ビジネスに長く携わっていたので、わかります。

前職が主任だとしたら、プレイヤーか、せいぜい課長での転職です。

いくらポテンシャルがあっても、それは変わりません。

事業責任者への転身は、まず困難。

また、年収も同様です。少しは上がることはあっても、2年後に2倍になっているというケースは、まずありません。


ところが、「経営者たち」から請われるケースは、「異次元レベル」です。

「専業主婦からドムドムバーガーの社長に大抜擢（藤崎忍氏）」

「ココイチ（FC）の新社長、元バイトの22歳が大抜擢（諸沢莉乃氏）」

経済記事の引用ですが、これらも「経営者たち」から請われたケース。

衝撃的なケースなので経済記事になっているわけですが、普段から、そのようなことは、日常的に起こっています。


実際、私のまわりを見ても、このような事例が多数あります。

Mさん……私の元部下。前職は営業職（役職なし）。彼の上司A氏が数年前に独立。

A氏から事業責任者（部長）でオファーを受け転職（36歳）。Mさんは、その後、その会社の社長に（40歳）。

Kさん……私の後輩。前職では営業職（役職なし）。私の紹介で転職。私の知人（経営者）から、「事業責任者を探しているがいい人はいない？」と相談を受ける。Kさんを紹介。Kさんは、その後、社長に昇進（当時38歳）。

◎まず「声がかかる人材」を目指せ

構造で考えるとわかります。

まず、経営者は、常に「人」を求めています。

でも、社内に目ぼしい人はいないので、人材紹介会社に依頼をかけるわけです。

また、人材紹介に声をかける前に、必ずすることがあります。

経営者は、「縁のある人」に声をかけます。

見ず知らずの人より安心ですので、当然そうなります。

人材紹介を介するパターン

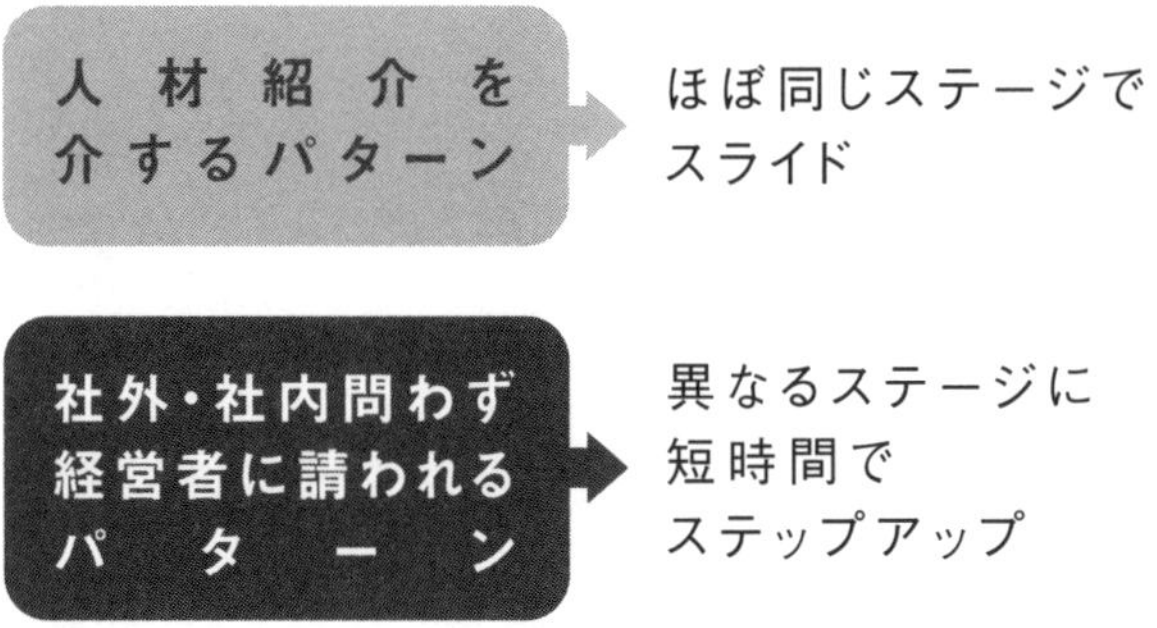

そんなこともあり、経営者同士の会話では、「いい人いないかな……」、の話題が常に飛び交っています。

30代以降は、「経営者が欲しがる人材」になれるのであればなっておいたほうが、間違いなく飛躍のチャンスをつかみやすいのです。

人材紹介に登録しておいてもいいでしょう。

しかし、同時に、社外の経営者から声がかかる人材になることは、タイパが良い選択でもあるのです。

「声がかかる人材」になる条件

では、どうすれば、社内・社外問わず、経営者たちから声がかかる人になるのか。
むろん、いくつかの条件はあります。

条件① 実績を出していること
条件② 周囲と良好な関係が築けること
条件③ 求められる成果から「逃げない人」

まず、この3つは必要です。
しかし、できていても、声が「かかる人」と「かからない人」に分かれます。

それは、**「フォロワーシップ」がある人かどうか**、です。

フォロワーシップとは、上司をサポートするスキルであり、姿勢のことを言います。別名、「できる部下力」とも称されるチカラ。

組織や会社の課題を解決するために、上司をサポートするわけですから、まさに「できる部下」の姿でしょう。

優秀な人でありながら、チャンスをつかめていないな、と思う人はいませんか。

だとしたら、その人たちは、「自分のため」に頑張っていないでしょうか。

きっと、経営者の多くは、社員に「自分のために頑張れ」とよく言います。

でも、経営者が抜擢したい人材に求めるのは、もう一段、上のレベル。

波長が合うかどうかです。では、波長とは何か。

「一緒に事業を成長させるために頑張ってくれる」かどうか、です。

そのバロメーターとなるのが、「フォロワーシップ」というわけなのです。

もし、あなたが、社内はもちろん、社外から声がかかる人になりたいのであれば、普段から「フォロワーシップ」を高めておくことは、お勧めです。

ここで、フォロワーシップを高める具体的なアクションを紹介しましょう。

上司と「コミュニケーションの機会」を持つ

普段から、直属の上司と会話の機会を持つことが肝心。

さらには、上司の上司と会話をする機会を持てば、もっと全体の課題が見えてきます。会社が直面している課題の優先順位を把握できますので、必要とされているサポートを理解しやすくなります。

「自分なりの解決策」を考える

その上で、自分ならどのように貢献できるかを考えます。

例えば、新人育成に上司が課題を感じていたら、どんなサポートができるのか。顧客満足に課題を感じていたら、職場で何ができるのか。

私は、フォロワーシップ研修を多くの企業で行っていますが、フォロワーシップを

社内・社外問わず
経営者が欲しがる人材

条件① 実績を出している

条件② 周囲と良好な関係が築ける

条件③ 成果から逃げない

＋

条件④ フォロワーシップがある

・自分のことより、組織の問題解決を
優先して考えられる人

・組織の「今の問題、先々の問題」を考え、
上司と会話ができる人

・自ら率先して問題解決にあたる人

発揮している人は、2割程度。「意識をしたことがなかった」という人がほとんどです。

私もそうでした。30歳くらいまでは、自分のために仕事をしていました。

「責任者になりたいのは、自分が成長できるから」、そんな邪な気持ちだったように思います。

これでは「仕事はできても、波長が合わない」なんてことにもなりかねません。

30代以降は、いかにフォロワーシップを発揮できるかが、大きな差になるのです。

「独立」はリスクがあるのか？

今度は、独立について考えてみましょう。
「いつかは独立したい」という人は少なくないので、この話題にもふれておきますね。
独立は、なんだかリスクもありそうだし、難しそう……。
そう考える人も多いもの。私もそうでした。

では、2つの事実を紹介しますね。

1つ目の事実。「社長になるのは、バイトに受かるより簡単」。
出世せずとも、法務局に行き、印紙（費用）を購入すれば、その日に社長にはなれます（むろん〝なるだけ〟ならですが）。

そして、2つ目の事実。

「ちゃんとやれば、リスクは会社員より少ない」。

白状しますと、私はめちゃくちゃ慎重なほうです。

元上司からは「伊庭は小心者だけど、そこが強みだ」とよくわからない褒め方をされ、家族から「心配しすぎ」と鼻で笑われることがあるくらい。

そんな私が言うのですから、参考になれば嬉しいです。

「健康を害したら失業する」は誤解

数年の準備は必要ですが、「事業収入」を得るなど、自分が動かずともよい仕組みを構築すれば対処可能（ほとんどの経営者はこれ）。

会社員の場合、病気になると、2年程度しか休業で賄われないことが多いのが現状であることを考えると、意外とリスクは低いと感じます。

「社会的信用が低くなる」は誤解

これは業績次第。私の場合、独立当初はクレジットカードを作れず、ショックを受けましたが、3期以上黒字を出せば問題なし。住宅ローンも組めます。

「収入が不安定になる」は誤解

むろん、会社員のように固定はしません。業績次第です。しかし、会社員時代に実績を出せる人であれば、私見ながら、無茶をしなければ、大丈夫であることが多い実感があります。当然ながら会社員と比べると収入は増えるのが一般的です。

「お金がかかる」は誤解

これは事業モデル次第。私自身、初期費用、ランニングコストはほぼ0円でした。会社設立に、とりあえず資本金を300万いれましたが理由はありません。今の法律では1円でもOKです。

いかがでしょう。

これらは、リスクを抑えた、いわゆるスモール起業のスタイルです。

独立といっても、フリーランス、個人事業、一人株式会社から、従業員を抱えて事業を成長させ、中にはIPO（株式公開）を目指すなど、様々なスタイルがあります。

自分に合うスタイルでできるのも独立の特徴です。

私見ですが、自分の裁量で、自分が責任を負い、自由にやりたい。

かつ、仕事が好きで、いくらでも仕事をしたい。そんな人には、独立も選択肢に入るように感じます。

私もそうでした。会社員であることに喜びを感じるほうでしたが、「もっと、できる」、「もっと、やりたい」、常にそんな気持ちをもっていました。

独立をしましょう、とは言いません。こればかりは、その人の志向によります。

ただ、将来、独立をしたい、と考えているのであれば、夢で終わらせず、ピボットするに値するキャリアだと実感します。

私に限らず、独立した人のほとんどは「会社員に戻りたくない」と言います。合っている人には合っているキャリアだと私も確信します。

「副業」はしておいたほうがいいのか？

今度は、副業についても触れておきますね。

副業をしている正社員は全体の7％と言われています（2021年時点）。

今後、副業をする人は増加傾向にあると考えています。


というのも、パーソル総合研究所の調査によると、副業を容認する会社は、約6割もあり（上昇傾向）、副業に関心のある会社員も約4割いるそうです。

会社は容認し、やりたい人も多い、それが現状だからです。

さらには国を挙げて副業を奨励しているわけですから、増えない理由はありません。

では、なぜ会社員の7％しか副業をしていないのでしょうか。

同じく、パーソル総研の調査では、

「自分の希望やスキルに合っておらず、副業求人への応募を控えてしまう（29・7％）」

「本業が忙しく時間が無い（29・7％）」

この2つが大きな理由。

ここで、私の本音を言いますね。

「本業に支障が出るのであれば無理にする必要はない」、

「本業に邁進することが今やるべきこと、と決めたのであれば、やる必要はない」

これが本音です。

〝流行り〟だからといってやり始めると、後悔することになります。

いざ、やってみると、決してラクではないのが現実だからです。

夜や休日に仕事をするのは普通。趣味ではないので、責任も伴います。

その覚悟を持って「やる」と決めた人だけがやればいい、それが私の感覚です。

そして、2つ目の本音を加えますね。

「でも、私だったら、やる」です。

私は、なんだかんだいっても、会社員にはリスクがつきものだと考えています。

「将来、ウチの会社で早期退職が始まったら……」

「自分が納得のできるキャリアを社内で歩めなかった……」

そうしたリスクをカバーする特効薬が、副業だからです。

では、時間がない問題をどう考えるか。

「今、残業してでも本業でやるべきことがあれば、副業をする時期ではない。でも、そこまでの理由はないなら、残業の1～2時間を副業に充てる」のが賢い選択でしょう。

◎「無報酬」から始める副業

私は、会社員時代、報酬を受けずに、無償で研修をやっていました。

いわば、無償の副業です。

無償でやっていたのは、多くの実績を短時間で得たいと思ったから。

それでも、やってよかったな、と思います。

「何があってもやっていける」という自信になったものです。


こんな話があることをお伝えしましょう。

毎月、「経営者の勉強会」に参加しているのですが、全員が副業経験者です。

複数のジムを経営するAさんは、システムエンジニアの会社員時代、パーソナルトレーナーの副業をしたことが、今の事業を始めるきっかけになっているといいます。

出版社を経営するBさんは、会社員時代、出版コンサルの副業をはじめたことが今の事業を始めたきっかけだそうです。

彼らに共通するのは、会社員時代に危機感を持っていたことでした。

それは、クビになる、会社がなくなる、といったネガティブなことではなく、「自分自身の生き方はこれでよいのか」といった、キャリアに対する危機感。

心配には、2つの心配があると言います。良い心配と、悪い心配です。
良い心配は、「心配だから、行動する」。そんな行動が伴う心配。
悪い心配は、「ただ、心配する」。行動が伴わない心配。
副業には、心配を払拭し、本業に対し、憂いなく邁進できる効果もあります。

「副業禁止」の場合、どうするか

先ほど、無償で副業をしていた私の経験を紹介しました。

副業禁止の会社に勤めている場合、この方法はヒントになると思いますので、もう少し、具体的に解説しますね。

私がやった無償の副業は「無料でいいので、研修をする」というものでした。

上司や同僚には、「お金をもらわず、ライフワークとしてやっている」と伝えていましたので、あたかも趣味かボランティアでやっているように感じていたと思います。

実際、私自身も副業とは思っておらず、自分自身の「ライフワーク」と思い、やっていました。

欲しかったのは、お金より、**「実績」と「スキルアップの機会」**です。

ホームページやSNSで広報はしませんでした。多くをさばけないからです。

声をかけたのは、身近な知人。

なので、依頼を受けることになったのは、「かつて仕事で付き合いのあった取引先」「私の友人が勤める会社」でした。


むろん、平日の勤務時間中は活動できません。

なので、仕事が終わった18時半から、または休日、時には有給休暇を使って行っていました。最初の頃は、個人経営のレストランで、3人に向けて無償で2時間の研修を行ったこともありました。次第に、複数の会社から「定期的にやってほしい」との相談をいただくようになり、研修講師としてやっていける自信をつけていきました。


お金はもらっていませんが、「もし、有料だったら、どのくらいの売上になるのか」の皮算用はしました。有料でもお願いしたい、とお声がけをいただいている会社だけでも、半年ほどで、年収を超える額になっていました。

このように、副業が許されていない環境であれば、「ライフワーク」としてしまえばいいのです。あきらめる必要は、ありません。

第 4 章

できる30代が
絶対身につけている
「考え方」と「スキル」

「時間を支配するスキル」を身につける

自分らしいキャリアを歩みたい。それは、誰もが願うところです。

しかし、仕事、家庭、友人関係、自己成長のための時間など、限られた24時間の中でやりたいことを実現するのは難しいもの。

そこで重要になるのが、時間に流されない「時間を支配するスキル」です。

単に時間を管理するだけでなく、自分の価値観や目標に合わせて時間をコントロールする能力を指します。では、どのようにしてこのスキルを身につけ、自分らしいキャリアを実現するのでしょうか。いくつかに分けて確認しておきましょう。

優先順位を見極める

目の前の仕事に忙殺されるのは20代までで卒業です。

これからは、何を優先すべきかを明確にしなければなりません。

30代以降は、無為な残業に翻弄されている場合ではなく、**絶対に不可欠なのが、「スキルアップ」と「人脈の構築」に投資をする時間**です。ここが、今後、大きな差になるからです。

もし、忙しくて時間がないのであれば、成果に影響しないタスクを減らす努力は不可欠。何気なくやっている会議も、果たして本当に必要なのか、メールで対応できないのか、また、このレポートは本当に必要なのか、など常識を疑う視点を持つことは、今まで以上に重要となります。

逆算スケジューリング

残業が常態化すると、勉強もできませんし、人脈形成もできません。

副業へのトライも難しくなります。

もっと効率を高めたいのなら、徹底的な「逆算スケジューリング」が有効です。

仕事の終わりの時間を定め、その時間に収まるよう、1日の時間割を設定する方法です。私自身もやっています。

終える時間を決めることで、時間内で効率的に業務を進めねばならなくなり、集中力が一気に高まる効果を感じています。

さわやかに「ノー」と言う

さらに、時間を支配するスキルには「ノーと言う勇気」も含まれます。

依頼されると、ノーと言いにくくはありませんか。

とはいえ、すべてを受けると、時間に翻弄されてしまいます。

絶対にやるべきは、「調整の相談」です。

「できません」と言うのではなく、「納期」の調整や、「要望」の調整をすることで、不要な特急仕事を無くすことができます。

調整の仕方はこのようなイメージです。

「かしこまりました。急いでやります。相談なのですが、来週の月曜までお時間を頂けると助かるのですが、いかがでしょうか？　というのも、＊＊が立て込んでおり、申し訳ございません」

このように伝えれば、意外と調整できることが多いものです。

結論として、30代以降は、時間の使い方がキャリアに大きく影響します。「専門性を高める投資（勉強する）」、「人脈をつくる投資（人と会う）」をしておかないと、あなたらしいキャリアを築くチャンスをつかみにくくなります。

自分らしいキャリアを歩むためには、時間を支配するスキルが不可欠なのです。

30代は忙しい!
3つの対処法

時間に
追われて
いるなら

優先順位を見極める

逆算スケジューリング

さわやかに「**ノー**」と言う

「ふろしき」を広げる力

チャンスをつかむ人がやっている法則を紹介しましょう。
できる自信がなくて、新たな仕事を避けることは、よくあること。
しかし、この発想がダメなのです。
チャンスをつかむ人は逆。

引き受けることで、できるように努力をします。

そうすることが、成長のチャンスにつながると考えるからです。
これを象徴的に表現するのが、「ふろしきを広げる力」なのです。

やったことがない、と言わずに、「やってみます」と自信たっぷりに見せる。これが「ふろしきを広げる」ということです。

◎自信より、チャンスを優先

私も、ずっと、そのパターンです。

先日、「Chat-GPTの講座を作れますか?」と相談を受けました。

自分自身はChat-GPTを活用していますが、マニアではありませんし、技術畑の人間ではありません。

「専門外なので」と断ることもできますが、あえて私は引き受けました。

そこにチャンスがあると思ったからです。

やるからには、徹底して研究をしました。地道な実験の繰り返しです。

すると、今では、その時の知見を活かしたオンライン講座(Udemy)が人気講座になっています。

短期間で成果を出すためには、自分の経験範囲に閉じこもらず、積極的に新しい挑戦を受け入れることが必要です。こうしたチャレンジが、自己のスキルを磨く絶好の機会となり、さらに次のステップへの足がかりを築くことができるのです。

◎恐れを克服する

とはいえ、やはり、ふろしきを広げることの不安も伴います。

「もし、出来なかったら……」と。

新しいことに挑戦する際、不安や恐怖を感じるのは自然なことです。

最初は失敗することもあるかもしれませんが、逃げずにリトライをすると決めれば、最終的に何とかなるものです。

私の好きな事例に日本電産（現ニデック）の創業時のエピソードがあります。

1973年、日本電産を創業した永守重信氏は、創業間もない頃、まだ社内にモーターの技術が確立していないにもかかわらず、大手電機メーカーからのモーターの受注を引き受けたのです。これは、技術的に非常に高度なもので、当時の日本電産には不可能と思われた案件でしたが、永守氏は「引き受けてから考えよう」という信念のもと、このプロジェクトを受け入れました。

その結果、社員たちは昼夜を問わず研究と開発に取り組み、最終的にこの難題を克服しました。この経験は、日本電産が持つ技術力を飛躍的に向上させ、同社の成長の基盤を築くきっかけとなったのです。

まさに、このエピソードは、自分たちの限界を超え、新たな可能性を開拓する「ふろしきを広げる」姿勢の好例でしょう。

チャンスをつかむためには、「できるから引き受ける」ではなく、「引き受けることで、できるように努力をする」発想が不可欠です。

こうした姿勢が、能力向上や実績づくりの近道となり、自分のキャリアをより豊かで充実したものにします。恐れを乗り越え、新たな挑戦を積極的に受け入れることで、あなたのふろしきはますます大きく広がり、次々とチャンスを呼び込むことでしょう。

「そこにチャンスがある」と思った時は、勇気を出して「ふろしきを広げる」意識を持ち、自分の可能性を最大限に引き出していってください。

「逆境」は、キャリアを飛躍させるチャンス

私事で恐縮ですが、先日、突然我が家の洗濯機が壊れました。
前触れもなく、です。急に動かなくなったのです。
「面倒なことになったな……」と思っていたところ、妻からこう言われました。
「新機種に買い替えるチャンスじゃん」と。
今、私の家には最新の洗濯機があります。
性能が格段によく、買い換えてよかったと心より思っています。

さて、キャリアにも、これに通じることがよく起こります。
キャリアを積み上げていく過程で、逆境に直面することは避けられません。

30代はプレッシャーのある仕事を任されることも増えますし、時には納得のいかない状況に追い込まれることもあるでしょう。

しかし、重要なのは、その逆境をどのように捉え、対処するかです。

逆境を単なる障害と捉えるともったいない。

むしろ、逆境が、キャリアを大きく飛躍させる原動力となることが多いからです。

逆境に直面した時の対処法を紹介しましょう。

「今」にとらわれてはいけません。

「時間軸」を10年、20年に延ばすのです。

長い目で見ると、この逆境がきっかけに見えるはず。

第1章で不本意な人事の辞令を受けた知人のエピソードを紹介しましたが、今ではアメリカで大活躍する彼もまさに逆境をチャンスに変えた1人でしょう。

会社の体制が変わり、出向先から戻る組織がなくなり、30代の中堅社員が新人と同じ役割をすることになり、しかも上司が自分の後輩だったというのですから、いろいろと思うことはあったはずです。

彼は、当時を振り返ってこう言います。

「あの人事があったから、今の自分がある」と。

私自身のことを白状しますと、私も不本意な人事辞令を受けたことがあります。やはり会社の体制が変わったことが原因。

今思うと、たいしたことがない話ですが、当時の私には、誰にも相談できないジレンマでした。そんな中でも、「これもきっかけにするしかない」と、彼と同様、開き直ったものです。

そんな時、役員から、こう言われたことを覚えています。

「どうして何事もないように頑張れるのか？　思うところはないのか？」と。

返した言葉が、「むしろ、チャンスです」でした。これは本心。

むろん、思うところはありましたが、割り切って全力を尽くしましたので、人事考課でもトップ査定をもらいました。

独立する際、応援をしてもらえたのも、この時の状況があってこそだと実感しています。「あの時があってよかったな」と思います。ハシゴを外される厳しさを知りましたし、周囲からの扱いが変わる世知辛さも知りましたし、また、逆境にいる人の気持ちを深く理解できる人間にもなれたように自分では思います。何よりあきらめない強さを持てたことと大きな自信を得られました。

30代からは、少なからず、ほとんどの人に逆境はやってきます。

新しい挑戦をするほどに、自信を失いそうになることもあるでしょう。

とはいえ、それこそがチャンスと思える人に、キャリアは開けます。

大きな飛行機が離陸する姿は、本当に美しいものです。

あんな大きな鉄の塊が、ふわりと紙飛行機のように飛ぶわけですから、人間の英知に感服するばかりです。

さて、飛行機が逆風を利用して離陸することは、あまり知られていません。

逆風があることで、飛行機の翼に生じる揚力が増し、スムーズに空へと飛び立つことができるのです。

逆境は私たちを押し返す揚力となり、そのおかげで、より高く、より遠くへと飛躍することができるのです。

「上司を動かす技術」で組織への影響力をもつ

「上司の悪口」は、飲み会などでの定番の話題です。
たしかに、完ぺきな上司はいませんし、完ぺきな職場もありません。
なかには、「ありえない上司」もいることでしょう。
実はこれも、逆境と同様にキャリアにとっては、チャンスにできるのです。

解説しましょう。
ここで求められるのが、第3章で紹介した「フォロワーシップ」です。
上司の不足をサポートする姿勢を指します。
その特徴から「できる部下力」とも訳されるスキルです。

むろん、上司に従うことが、フォロワーシップではありません。職場や事業のことを主体的に考え、上司をサポートしていくことです。

提唱したのはカーネギーメロン大学のロバート・ケリー教授。

教授の理論に基づき、フォロワーシップの重要性とその実践方法について詳しく解説します。

◎フォロワーシップの5つのタイプ

フォロワーシップには、5つのタイプがあります。

あなたの現在地を確認しておきましょう。

①模範的フォロワー(Exemplary Followers)

彼らは、組織や事業に問題があれば、上司に対して積極的に提案を行い、組織の目標達成に向けて率先して役割を果たします。批判的思考を持ちながらも、批判するだけではなく、建設的に意見を述べ、自らがリーダーシップを発揮します。

頼りにされることが多く、最も、キャリアを切り開きやすいタイプです。
私が登壇するフォロワーシップ研修では、おおむね1～2割程度がこのタイプです。

②孤立型フォロワー（Alienated Followers）

批判的思考を持ちながらも、行動をとらないタイプ。

自らの意見や不満を持ちながらも、それを建設的に表現することができず、時に、組織や上司との関係が悪化することも。実力があったとしても、キャリアの成長にブレーキがかかることがあります。批評するだけではなく、我がことと捉え、「言うだけではなく、自分は何をすべきか」を考える視点を持つと模範的フォロワーに近づけます。

③順応型フォロワー（Conformist Followers）

彼らは上司に対して批判的な視点をもちません。
与えられた役割を忠実に遂行する姿勢は、「イエスマン」のように映ることも。

率先して行動するものの、新たなルールを作ることや、自らが挑戦を企てないため、キャリアの成長にブレーキがかかることもあります。

このタイプの課題は、批評的な視点を持つこと。

上司の判断に対し、「本当にそれがベストなのか?」「他にはないのか?」の視点を持ち、臆することなく質問をすることが模範的フォロワーに近づく鍵。

また、インプット（勉強）の習慣が少ないと、何が問題なのかがわからないため、順応型になりがちです。ビジネス書を読む、ニュースにアンテナを張る、他の事業部の成功事例、他社の成功事例などに関心を持つ習慣も大事になります。

④ 消極型フォロワー（Passive Followers）

「遠慮しがち」なタイプです。

会議でもあまり意見や質問をしないことが多いのが特徴。

上司からの指示がなければ、積極的に仕事を進めることはありません。

組織の流れに身を任せることが多く、上司を動かす力を持つには至りません。

結果的にキャリアの成長も遅くなる可能性があります。

このタイプは、上司との双方向の会話が少ない人が多いのが特徴。

模範的フォロワーに近づく第一歩は、上司に「報告・相談」をする機会を自らがつくること。その過程で、「こうしたほうがいい」と意見を伝える機会に恵まれます。

⑤ 実務型フォロワー(Pragmatic Followers)

彼らは、「変革」ではなく、現実的な対処を優先します。

周囲からすると安心感があります。

一方で、組織の常識にとらわれてしまうことがあり、斬新な発想を否定してしまい、調整役のようにも見えることから、「物足りなさ」を周囲に与えてしまうことがあります。

必要なことは、「非連続の成長」(今まではない飛躍)に向けて、影響を生み出す姿勢です。「現実的な対処」だけではなく、「イノベーティブに考えると?」の視点でも考えることが、理想型に近づく一歩です。

まとめましょう。

上司を動かすことは、組織への影響力を持つことを意味します。

あの人がいるから、あの上司は助かっている。そう思われる人材、これが模範的フォロワーです。

「経営人材」「現場リーダー」「スペシャリスト人材」にピボットするのであれば、目指すべきは「模範的フォロワー」です。

職場や事業について気になることがあれば、上司に対して、また必要があれば上司の上司に対して、「相談」をするスタイルで会話を持ちかけるといいでしょう。

上司を動かす力
（模範的フォロワーシップを目指す）

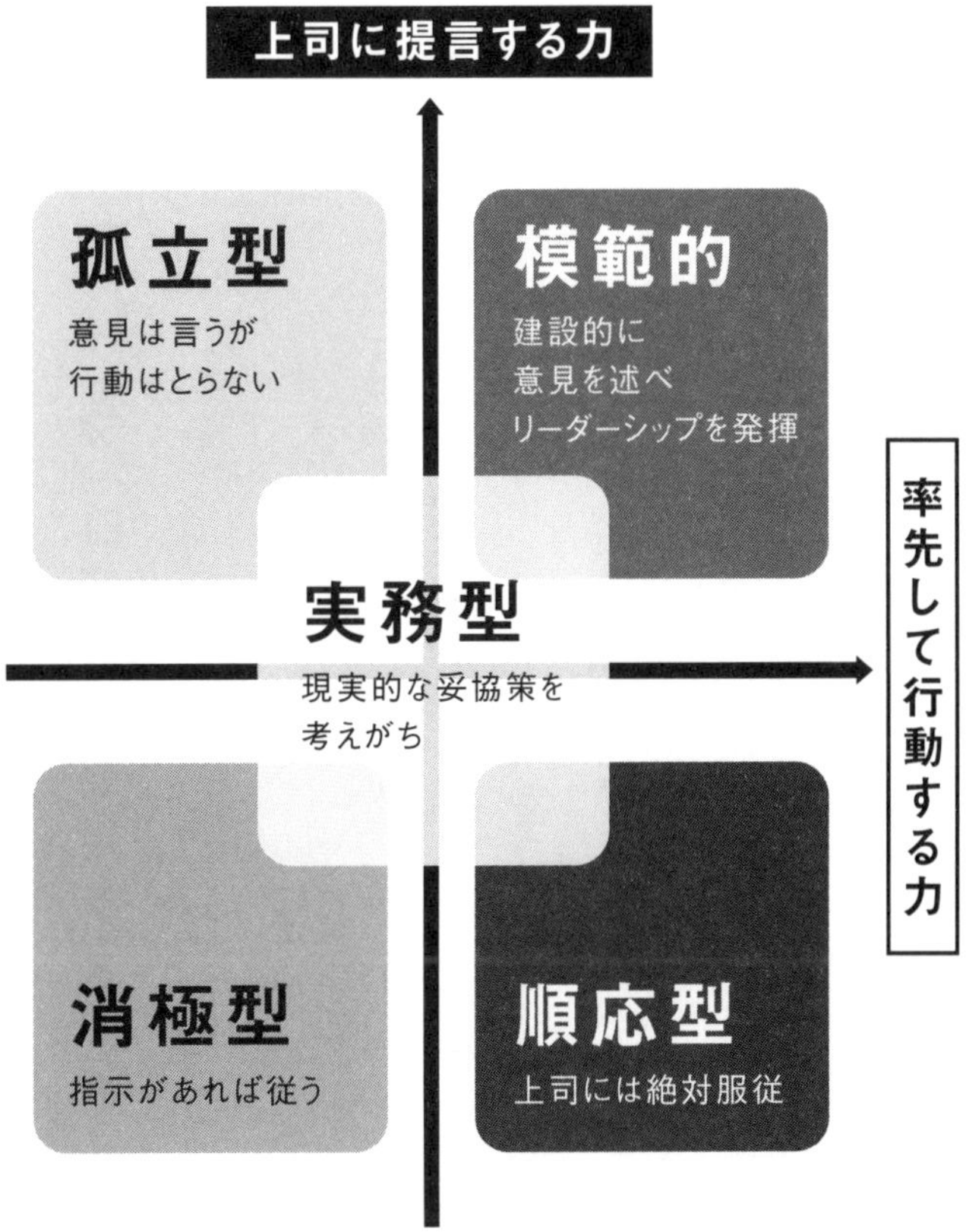

「やること」を絞る（ロジカルシンキング）

私が各社で研修をしていて実感していることがあります。

ロジカルシンキングができないと課長までしか昇進しない、ということ。

一方で、部長以上は、ほぼ全員がロジカルに考えることができます。

なので、あえて言います。

将来、現場リーダー人材、経営人材にピボットを考えているのであれば、ロジカルに考えるスキルは不可欠。それが私の確信です。

では、なぜロジカルでないと、課長までしか昇進できないのでしょう。

今は、変化が速い時代です。

経験則や既知の知識だけでは、的確な判断はとてもできないからです。

先々のシミュレーションを立て、先手を打って有効な対策を講ずることができないと、とても期待には答えられないでしょう。


ロジカルに考えられる人とそうでない人の違いは、次のようなイメージです。

例えば、離職率の解消策を考えるケースで比べてみましょう。


非ロジカルな人は、「やることを増やしがち」。

「最近は、リモートワークなので、会話が希薄になっていることも一因だろう。会話を増やすべく、1on1面談を導入しよう」

このように、経験則や思い込みで対策を講じることが多いのが特徴。

その結果、やることが増えがちになります。

しかも、充分な効果を得られないことも少なくありません。

このような人が部長や役員だと、現場はやることが増えて混乱します。

ロジカルな人に共通するのは、「やることを絞る」こと。
3つのステップでやることを絞ります。

①問題を絞る
(データを見ると、問題は入社2年以内の営業職のみで、他は問題ない)

②課題を絞る(課題とは問題を解決するための成功の鍵)
(彼らの退職原因の6割が残業に不満を感じていることだ。他の要因もいくつかあるが、まずここに絞ろう)

③対策を絞る(候補をあげた上で、ベスト策に絞る)
(A案、B案、C案から、ベスト策はB案だろう。まずは、ここに絞ろう)

その結果、対象を「営業の新人」に絞り、次頁の図のようにやることも「業務の分

ロジカルに考えることで、やることを絞る

課題 離職率の改善

①問題を絞る

データを見ると、問題は入社2年以内の営業職のみで、他は問題ない。

↓

②課題を絞る(課題＝成功の鍵)

彼らの退職原因の6割が残業が多いことだ。
他の要因もいくつかあるが、まずここに絞ろう。

↓

③対策を絞る

可能な限りの対策の候補を出そう。

- A案　新人は残業禁止にする
- B案　業務を軽減する(分業制にするなど)
- C案　管理職の評価対象に(新人の残業時間を)

↓

営業の新人を対象に、業務の分業制を図れば解消する

業」をすることで、労力をかけずとも対策を講じられるというわけです。
全従業員を巻き込んで１ｏｎ１ミーティングをせずとも、済むわけです。

これは、日々の習慣で養う思考です。

現場リーダー人材、経営人材を将来の選択肢にするなら、今のうちから、この３ステップで「やることを絞る」思考で業務にあたることをお勧めします。

耳が痛いことを伝える「アサーション」のスキル

相手の感情にケアをしながらも、「言いにくいこと」を伝えるスキルは欠かせません。配慮なしにストレートに伝えるだけでは、いくら言っていることが正しくても、関係をこじらせてしまうこともあるものです。

一方で、「そんなことを言うと、関係が悪化するかも……」との不安から、遠慮をして言うべきことを言わない人もいますが、それでは問題は一向に解決しません。

30代にとって、言いにくいことであっても、相手の感情にケアをした伝え方ができるかどうかは極めて重要なスキルになります。

気難しい「年上の部下」がいることもあるでしょう。

また、「10歳以上離れた、若手社員」をマネジメントすることもあるはずです。
中には、頑固で部下の話を聞かない上司がいることもないでしょうか。
社内だけではありません。
取引先も同様です。やりにくい取引先もあるでしょう。

そこで、習得しておきたいのが、アサーションのスキルです。
アサーションとは、自分の意見や感情を相手に対して適切に伝えるコミュニケーション技法です。アサーションには、自分の主張を明確にしつつも、相手を尊重する姿勢が求められます。これにより、対話が建設的で前向きなものとなり、誤解や対立を防ぐことができるのです。

このアサーションの話法としてＤＥＳＣ法があります。
私はＤＥＳＣ法を使うようになってからは、無用な遠慮をすることはなくなりました。

DESC法は以下の4つのステップで構成されています。

D（Describe）：事実や状況を具体的に説明する。
E（Explain）：自分の意見や感情を伝える。
S（Specify）：相手に求める具体的な行動を明示する。
C（Choose）：相手に選択を求める。

それでは、DESC法を用いた具体的な事例を見てみましょう。
例えば、プロジェクトマネジャーが、メンバーに耳の痛いことを伝えるシーン。
DからCの流れで伝えます。

D（Describe）

「プロジェクトの状況ですが、サービスのコンバージョンの改善が、この1か月、進んでいません。結果、計画に影響を与えるリスクもでてきています」

E（Explain）

「むろん、一生懸命に頑張ってくれていますが、もう1段階、レベルを上げなければと考えています。今の頑張りでもできないのであれば、他のサービスを検証する、他の事業部に聞きに行くといった主体的な行動が必要です。実力者がそろっていますので、ノウハウさえわかれば、すぐに結果を出せると思っています」

S（Specify）

「今後は、会議で進捗を共有する際、状況の報告だけではなく、リサーチをした上で、改善策も共有していただきたいと考えています」

C（Choose）

「いかがでしょう。ぜひ、みなさんの意見を聞かせてください」

このように、DESC法を使うことで、相手に対して問題点を具体的に指摘しつつ、自分の意見や期待をしっかりと伝えることができます。

いかなるキャリアでも、人との協業は避けられません。

ほとんどの場合、自分が期待する水準で動いてくれないものです。

だからこそ、アサーションスキルを磨くことは、キャリアを進展させるための重要なステップです。

「言いなり」にならない交渉術

交渉において、相手から「イエス」を引き出す力は、キャリアを切り開く上で極めて重要です。

というのも、経営人材、現場リーダー人材であれば、社内外問わず、「イエス」をとりつける力がなければ務まりません。

スペシャリストであっても同様。フリーランスが無理な要求・不利な条件で仕事を受けてしまっていることが多く、値上げ交渉ができず、低単価で働いている話は枚挙にいとまがありません。

私は、研修事業で独立して10年以上が経ちますが、一度たりとも値引きに応じたことはありません。また、ムリなご要望をいただくこともありましたが、必要なことを確認し、代替策を示すことで不利な契約をしたこともありません。

むしろ、実際は、こちらからご相談（交渉とまではいかずとも）をすることで、ご協力をいただくことも多いくらいです。

リピートが9割を下回ることはありませんので、良好な関係にあると考えています。

ところが、私の周りを見ると「言いなり」になってしまい、不利な状況になっていることも少なくないのです。

「お客様にそんなこと言えない……」
「この会社は大手のお客様なので……」
「上司から言われたので……」

断言します。

この感覚は、絶対に捨てておくべきです。

もし、このような人がリーダーだったらどうでしょう。

経営者であれば、利益構造は悪化するでしょうし、場合によっては、その顧客に依存してしまう結果、会社を健全に保てないことすらあります。

場合によっては、不祥事につながることもあります。利害関係者（取引先、出資者など）からの無言の圧力がきっかけになり、幹部が間違えた判断をしてしまう。あまり知られていませんが、不祥事のニュースには、そんな背景が隠れていることもありえます。

また、部長や課長が「専務から言われたので仕方ないんだ」と、現場の状況を鑑みない指示を下してしまい、信頼を失っているケースも少なくありません。

私が管理職の初心者だったころ、うまく上司と交渉ができず、現場に無理をさせてしまったことがありました。

そうなると、優秀な部下はこう考えます。

「我々にとっての上司は伊庭さんではなく、その上の部長だ。だったら、部長に直接、話したほうが早いな」。

実際、その行動をとられた時、交渉は管理職の責務であると大いに反省しました。

ここでは、交渉が苦手なら、ぜひとも覚えていただきたいことをお伝えします。


交渉の基本は「立場」ではなく、「利害」で調整すること。


これは、ハーバード交渉術でも言われていることです。

でも、この利害を一致させるにはちょっとしたテクニックがあります。

相手が成し遂げたいことを「より上手く実現させる代替策〝B〟」を示す、です。

Aという指示を受けたとしましょう。セリフの一例は次のようなイメージです。


「確かにAはいいですね。ご相談よろしいですか？

今の状況を考えると、Aを行った場合、＊＊の副作用が発生する懸念もあります。

というのも、＊＊な状況だからです。そこで、より確実に実現させるために、Bの方法はどうでしょう。確かにAより手間はかかりますが、＊＊のリスクは無くなります」

どんな仕事も、実は交渉で回っています。

交渉は、相手を言い負かすことではありません。

お互いにとって納得のいく結果を得ることです。

言いなりになる発想は、今すぐ捨てておきたいところです。

アイデアを降臨させるスキル「アブダクション」

変化の速い時代です。経験則だけでは、とても対応できません。
そんな中、それでも、次々とアイデアをカタチにする人はいませんか。
「なんとなく、思いついた」「なんとなく、ひらめいた」。そんな人です。

「競争が激しいYouTubeで、登録者10万人を超えたユーチューバー」
「創業からたった3年で売上が10億円を超えた若手経営者」
「管理職経験がないのに、一丸となるチームを短時間でつくる課長」

経験がそれほどないのにもかかわらず、突出した成果を上げる人は、「なんとなく思いついた」、そんなことがきっかけになっていることは多いものです。あまり知られていませんが、実は彼らに共通することがあります。

自覚することなく、「アブダクション」というスキルを発揮していることです。

アブダクションとは**「ある事実」を見た時、「ひょっとしたら、こういうことかもしれない」という仮説を立てること**を言います。

私の研修先にいらっしゃる、あるトップゲームプログラマーのケースをご紹介します。

人気ラーメン店「ラーメン二郎」に行った時のこと。

なぜここまで「ラーメン二郎」に人は魅かれるのか考えながら食べていたそうです。「各々が自分なりにカスタマイズし、その上で食べ方の攻略法を考えるおもしろさがあるからかも」とひらめき、新たなゲーム開発のヒントにしたと言います。

こんなウルトラCの例もあります。都営地下鉄浅草線のホームドア設置率が、予定よりも早く100%になったニュースをご存じでしょうか。ホームドアの設置には莫大なコストがかかるそうで、なんでも、センサーを各車両に搭載する必要があり、車両の改修費が20億円にもなるそうです。コストの高さに関係各所の合意を取り付けられなかったといいます。

そんな時、担当者はふとひらめいたのです。

スーパーで買い物をする際にQRコードを見たことがきっかけです。

「QRコードは情報を読み込む。ひょっとしたら、車両のドアにQRコードを貼り付け、ホームに情報を読み込ませれば、センサーの代わりになるのでは」と。

その仮説はズバリあたります。

その結果、車両改修に20億円かかるところ、わずか270万円（なんと740分の1

に）で済むようになったというのですから驚きです。

これらは、まさにアブダクションの効果です。
だとすれば、このようにひらめく人になるには、どうすればいいのでしょう。

「ある事実」を見た時、**「どうしてだろう」と好奇心を持つこと**が最初の一歩。
その上で、「ひょっとしたら、こういうことかもしれない（仮説）」を考えます。
さらに、「それって、仕事に当てはめられないかな」と拡張させる習慣を持つことです。

以前、ある大手企業の役員から、「伊庭さんはアブダクションができている」と言われたことがありました。確かに自己評価でもそう思っています。

私が執筆する文章に対して、過分にも、こう言われることがあります。

「本が苦手な私でも贅肉がなく読みやすい」と。

白状をしますと、私が大好きなビートルズ（初期）の作風からアブダクションを得ています。

意味がわからないですよね。

この頃のビートルズの曲は3分程度で終わるシンプルさが特長です。

私は、この作風こそがロックになじみのない多くの方に受け入れられている要素では、と仮説を立て、本になじみのない多くの人に読んで頂きたいとの思いから、文体の参考にしています。

具体的には「読点（、のこと）」を可能な限り排除し、早々に句点（。のこと）を入れることで、文章を短く、シンプルにしています。

このように、私のやっていることは、アブダクションだらけです。

研修もそう、YouTubeもそう、アブダクションです。

なので、自信を持ってお伝えします。

アブダクションは、あなたのキャリアを引き上げてくれます。

ぜひ、習慣に取り入れてみてください。

「この人と仕事をしたい」と思ってもらう技術

一般に、リーダーシップは経営者や管理職などの役職者に求められるスキルと考えられがちですが、実はあらゆるキャリアにおいて不可欠なスキルです。

専門的なスキルを追求するスペシャリストにはリーダーシップは不要と思うかもしれませんが、実はそうではありません。リーダーシップは、スペシャリストが他者と協働するために重要な役割を果たします。

例えば、一見すると自由に見えるユーチューバーでもそうです。

クリエイター、撮影、分析、改善など、チームで行うことが多く、リーダーシップをとらないと、関係者の本気度を高めることはできません。

では、まず、何をすればよいのか。

あなたの仕事で「リーダーシップを発揮する」練習をすることです。

リーダーシップとは「役職」のことではありません。

端的に言うなら**「人を巻き込む力」**です。

ここでは、普段の仕事でもできる鍛え方を紹介しますね。

◎リーダーシップの「3つのコツ」

まず、人と協業する際、**常に「目指すゴール」を明確にすること**です。

私が求人広告の営業職だった時も意識をしていました。

関係者は、広告を作成するクリエイター、お客様と原稿確認をするアシスタント。

例えば、ABC商事という会社から求人依頼を受けた際、多くの営業は業務分担をするだけで、特別なゴール設定をすることはありません。

でも、ここでABC商事の「採用目標」を彼らと共有していました。

目標を持つことで、チームにすることができます。

2つ目は、彼らの「貢献意識」を引き出すことです。

「ゴール」に向け、彼らが自分で考える余地を充分に残します。

スペシャリストの多くは、自分のこだわりがあるため、任せることが苦手な人が多いもの。自分でやってしまうか、「この通りにお願いします」と一方的に指示をする人が少なくないのですが、あえて「考える余地」を作ります。

リーダーにとって重要な「任せる力」にも直結する思考です。

3つ目は、積極的にコミュニケーションの機会を持つことです。

協業を進めると、日々、様々な困ったことが起こります。

ミーティングを開かずとも、チャットでもOK。

お互いが自由に「提案」「思い」を伝える機会は必要です。

私の失敗を紹介します。

クリエイター、アシスタントとの対話は大事だと思いながら、少し疎かになってしまったことがありました。というのも、2名ともベテランでしたので、任せっぱなしでも、何の問題もない状態だったからです。実際、問題は起こりませんでした。

ところが、アシスタントから叱られたのです。

「伊庭さんは仕事を任せすぎる。放置されている感覚だ」と。

腹を割って、本人と本音で会話をしたところ、こういうことでした。

「感謝の気持ちが伝わらない」と言われました。

これ以降、いかなる状況であっても、コミュニケーションをとることの優先順位を上げたことは言うまでもありません。


このように、役職があろうが、なかろうが、また職業が何であろうが、年齢が何歳であろうが、リーダーシップは、いつでも、どこでも鍛えることができます。

今の仕事で、リーダーシップを発揮できる機会はないでしょうか。

まずは、その機会を自ら作ってみてはいかがでしょう。

その上で、この3つのことを心掛けてみてください。

きっと、「あなたと仕事がしたい」、そう思う人が増えることは間違いありません。

それが、リーダーシップです。

リーダーシップは、経営人材、現場リーダー、そしてスペシャリストのいずれにとっても不可欠なスキルなのです。

第 5 章

好きなように生きるためのぶっちゃけ話

「平均」を気にすると、幸せが遠のく

さて、ここからは理想の人生を歩むための最終レクチャーです。
この章は、きれいごとなしで（他の章もそうですが）、ぶっちゃけた話をします。
まず、人と比較なんてしなくていい。まずはここからです。
ましてや、「平均」と比較することだけは、やめたほうがいいです。
でも、30代は、比較したくなる年代です。
私もしていました。
自分の給与は平均と比較して、どうなのかな？

自分の役職は、同世代と比較して、どうなのか?

「平均」の正体を知ると、つくづく思います。

それが、いかに無意味なことか、と。

驚かれるかもしれませんが、実は、「平均」は、実在しないのです。


ハーバードの教育心理学者、トッド・ローズ氏の著書『平均思考は捨てなさい』(早川書房)で、まさに、その研究が紹介されています。

米軍は飛行機のコックピットを設計するにあたり、パイロット4000人のデータを収集し、デザインに関連する10か所を測定。その結果、あることがわかります。

この10か所の値が平均に収まる人は、1人たりともいなかった、ということです。

平均とは「数字」だけのことで、「実在」するものではないのです。

つまり、このコックピットも一緒。「平均」に合わせても、誰の体にも合わないコックピットが出来上がることを意味するわけです。米軍は、結果として「パイロット個々人が自分に合うように調整する」という、至極、あたりまえの結論に着地したといいます。

例えば、平均年収と比べてしまうことも無意味。これも平均の罠です。

ある人の年収が400万円だとしますね。

30代の平均は、男女全体だと447万円（2023年。doda調べ）。

ここで、「平均より約50万少ない」と嘆くことは意味がありません。

だって、その「平均の人」というものが、そもそも実在しないわけですから。

1000万円以上の人もいますし、800万円の人もいます。300万円の人もいます。

「計算上の平均」というだけのこと。

さらに言うと、年収が1000万でも、しんどそうな人はいますし、年収が300万でも幸せな人はいます。

つまり、**納得のいく人生を歩むには、「平均」ではなく、「自分のありたい姿」と比較するのが正解**ということです。

◎他人ではなく「ありたい姿」と比較する

ある時、友人家族から誘いを受けました。

「漁師さんのご厚意で、素潜りで牡蠣が獲らせてもらえるので、一緒にどう?」と。

むろん快諾です。場所は日本海。

大人も子どもも一緒になり、素潜りで牡蠣をとり、その場で穫れたての新鮮な牡蠣を食べる。子どものころに返ったように無邪気に遊んだ最高の時間でした。

その穫れたてのクリーミーな生牡蠣を一緒に食べながら、友人がふと言ったのです。

「公共工事が減って、収入が激減しているんだよね。生活も切り詰めているよ」と。

でも、彼に悲愴感はまったくなく幸福感しか伝わってこないのです。

こよなく愛する家族との時間を謳歌し、時には地域のボランティア活動の中心人物として様々なイベントを企画する。彼だけでなく、彼の周りにいる人は笑顔でいっぱい、そんな彼を見て、「まさに、自分らしい生き方だな」と思ったものです。

さて、この彼の幸せを「平均」と比較できるでしょうか。
そもそも比較する尺度が見当たりません。
収入でも役職でも、とても説明ができません。

理想の人生をつくる習慣とは、人との比較ではなく「自分の軸」、つまり「ありたい姿」と比較するのが正解というわけなのです。

どうすれば「自分の軸」が手に入るのか

では「自分の軸」について話を進めましょう。

誰もが視聴できる「ソフトバンク新30年ビジョン」という映像があります。

その中で、孫正義氏がこんなセリフを言っています。

若い頃、命に関わる病気を患った時の回想です。

「病気になって、つくづく思いました。お金や地位や名誉なんてどうでもいい。

ただ、（孫氏の）おばあちゃんのように、誰かのために役立つ人でありたい」

これです。

あなたは、地位や名誉、収入を横に置いた時、「どんな人」でありたいでしょうか。

これが「自分の軸」です。

「自分の軸」がないと、いくら収入が増えたとて、役職を得たとて、いつまでたっても「おなか一杯」になりません。満たされない何かを感じることになるでしょう。


私は、こう考えています。

20代のうちは「家を買う」「金持ちになる」「出世する」などの欲求でもいい。「わかりやすい欲求」はエネルギーになります。

でも、30代からはモードを変えておくことをお勧めします。

お金があっても自由がない。役職を得ていても不安が消えない。

家を買っても家族との会話は少ない。新しい車を買っても満たされない。

これでは、いつまでたっても「足る」状況にはなりません。

必要なことは「自分の軸」を定めることなのです。

◎「不満」に感じるものにヒントがある

では、「自分の軸」を持つためには何が必要なのでしょうか。

「一体、自分は何を大事にしたいのか」、それを考えるのです。

この「自分の軸」のことを名著『7つの習慣』[1]では、自分自身の「原則」として紹介しており、主体的な人生を歩む人が考える上で「不可欠な要素」と言っています。

まさに、そうだと実感します。

それでも、そう簡単に「自分は何を大事にしたいのか」が見つからないこともあるでしょう。そんな時は「自分にとって我慢ならないこと」から探る方法をお勧めします。

私の軸は、30代の頃より「自分らしさ」を活かすこととしています。

子ども時代を振り返ると、「素の自分」が見えてくるものです。

私には、先生から「ふつうはこうするでしょ」「こうしないとダメでしょ」と言われたら無性に腹が立ったことが原体験としてあります。大学時代もそうでした。教授から「そんな考えだと大手企業では苦労するぞ」と言われた時、普段は尊敬している教授でしたが、この時ばかりは「窮屈なおっさん」と思ってしまったのです。

今でもそうです。正解を押し付けられると、いろいろと思うほうです。

一方で、「正解は1つではないので、自分なりに考えてごらん」と言われると、どんなにつまらないことでも面白くなる、そんな確信も得ていました。

これは理屈ではなく、〝生来の性《さが》〟としか言えないものだと思います。

子ども時代でも、最近でも結構です。我慢ならないことに「軸」は隠れています。

◎「軸」が自分を高めてくれる

一方で、「自分らしくありたい」だけを追求すると、自分勝手な人になることは必至です。

なので、軸を考える際は「他人の利益」にもなるように仕立て直すのです。

私の場合は、こうです。

「家族が自分らしい人生を送れるように支援する」（押し付けず、考えを尊重する）

「私とかかわる人が、自分らしい仕事ができるよう支援する」（意見を尊重する）

「友人の選択が、自分の選択とは異なっても支持する」（支援できることはする）

「考えが変われば、行動が変わり、行動が変われば、習慣が変わり、人格をつくる」

といった格言があるように、どんな「軸」でも、周囲のメリットになるよう考えると、自分自身を高めてくれます。

収入目標は、背伸びして決めろ

「自分の軸」といった人格を高める話をしたにもかかわらず、今度は「お金」の話をします。話題の高低差に酔いそうになるかもしれませんが、ぶっちゃけた話をしたいと思っています。

「このくらいは稼ぎたい」

そう考えることは、悪いことではないと思っています。

私が独立する時、役員からこう言われました。

「年収1億を目指してみたら」と。

すかさず、こう答えました。

「いや、無理でしょ……」と。

初年度は、会社員時代の今の収入を稼ぐだけでも簡単ではありません。脊髄反射でとっさにそう答えていました。

また、私自身、お金に興味があるほうではなく、必要以上にお金があると、かえって面倒だな、と思ってしまうのです。そんなことを考えている時間があれば、仕事のことを考えているほうが気分がいい。これも性なので仕方ありません。

でも、今ならこう思います。

「このくらいは稼ぎたい」があると、努力の仕方がかわる、と。

実は、ある出来事で考え方が変わりました。

独立をすると「事業計画」を書くことになります。

とはいえ、銀行の融資を受けるつもりはありませんし、IPOを目指しているわけではありません。なので、そこそこ利益を出していれば問題ないのが現状です。

でも、これではいけない、とすぐに思うようになりました。
どうしても自分を甘やかしてしまうのです。
「これで充分かな……」と。
そうなると、がむしゃらさがなくなると、すぐにわかりました。
そこで「ムリかも」と思う目標を無理やりに設定しました。
お金が欲しいのではなく、努力の「ペースメーカー」としてです。

2年目、3年目、4年目……と計画を書くのですが、決してワクワクはしません。
「いや〜、難しい道のりだな……」と思いながらも、シナリオを描くわけです。
ところが、不思議なことがおこります。
いざ、挑戦を始めると、書いたとおりに目標をクリアしていくのです。
アレコレとやっていると、不思議なことに最終ゴールを達成していたのです。

一緒にするのは恐縮なのですが、アスリートと同じかもしれません。

「オリンピックに行けたらいいな」と思っていても、まず無理。

「技術を高めたいな」と練習するだけでも無理。

「オリンピックに行く」と決め、日夜、ひたすら研究、練習を行うから実現するのではないでしょうか。

1秒たりともオリンピックを目指したことがない私でも、これくらいのことは理解できます。


さて話は、「お金」です。

300万でも、5000万でも、1000万でも、5000万でも、1億でも、いくらだっていいのです。今の頑張りの延長だと無理かな、と思う。そんな**「背伸びをした金額」**であればいいと思うのです。

「これくらい稼ぐぞ」というのは、言い換えると「これくらい稼げるほどの努力をするぞ」という、努力のペースメーカーを設定することです。

実際、いくら「お金」があっても、あの世まで持っていけません。

また、「お金」を残すと、それはそれで残されたほうに面倒をかけてしまいます。

相続するのは「お金」ではなく「たくましく生きる知恵」のほうが数万倍、価値があると私は考えます。

「お金」に使われるのではなく、「お金」は利用すればいいのです。

将来の自分が、後悔しないほうを選ぶ

私が20代の頃から、常に思っていることがあります。
「いつかは必ず死ぬ。後悔しない選択をする」ということです。
むろん、20代、30代だと、寿命のリアリティは、まだありません。
正直申しますと、50代の今でもリアリティがあるわけではありません。
でも、必ず来る。これだけはわかります。
今の私は「もし寿命が来たら、未練はあるけど後悔はない」という心境です。
家族に恵まれた実感はありますし、仕事にも恵まれていると感じます。
また、人にも恵まれていると思います。自分なりに満足しています。

思い返すと、30代での選択が、まさにそうさせていると実感します。

単身赴任はしたくなかったけど、成長を優先し、単身赴任を選び、
単身赴任した時も、お金は自己負担だけど、帰れるなら家に帰り、
また、どんなに仕事が忙しくても、独立に向け準備をし、
大事な友人と会う時間は確保し、
面倒だな、と思っても自主参加の研修に参加し、
些細なことですが、そんな選択が将来の基盤になっていることを実感しています。

もし、仕事を優先しすぎて、家族との時間をとれなかったら後悔したはずですし、
独立をしていなかったら、後悔しているでしょう。
また、単身赴任を断って、成長の機会を捨てていたら、今の自分はないでしょうし、
それも後悔です。

人生の総括をする際、後悔することは、人によってそれぞれのようですが、ブロニー・ウェア著『死ぬ瞬間の5つの後悔』（新潮社）という書籍によると、

「自分に正直な人生を生きればよかった」

「働きすぎなければよかった」

「思い切って自分の気持ちを伝えればよかった」

「友人と連絡を取り続ければよかった」

「幸せをあきらめなければよかった」

これらが代表的なものだそうです。


30代は体力があります。多少の無理は利きます。

多少忙しくても、また面倒であっても、「将来の自分が、後悔しないほうを選ぶ」ことを選択の基準にしておくのはいかがでしょう。


「今は忙しいから」

「家族がいるので」
「いろいろ、やりたいことがあるので」

たしかに、いろいろ制約はあるでしょう。
でも、仕事をしている限り、「やらない理由」がなくなることは、まずありません。

「迷ったら、しんどいほうを選ぶようにしている」と、経営者の先輩は言っていました。だから今の彼があるのかと感心したものです。

これは、人と比較することではありません。
自分の納得度の問題。
ただ、言えることは1つです。
30代からは、自分が将来、後悔しない選択をする。
これこそ、習慣にしておくべきことではないでしょうか。

「人のせい」にも「自分のせい」にもしない

30代の頃、私が上司にチクリと言われて、反省したことがあります。

「家族がいますから、簡単には独立はできないですよ」と軽口を叩いた時のことでした。

「家族のせいにするな」。

まさに、そうです。

そりゃ家族が聞いたら、「おもしろくないな」と、思うことは間違いないでしょう。

私がお勧めしたい習慣があります。

問題のありどころを「人」ではなく、「行動」に置くということです。

この独立問題についても、問題を「家族のせい」ではなく、「何を準備すべきかの整理をしていない」ことに置くと、解決の糸口が見えたものです。

他にもあります。

私が管理職をしていた30代の頃、なぜか馬が合わない部下がいました。

「伊庭さんは、すぐに要望を上げてくる。いつまでたってもラクになれない」。

それが、彼女の言い分でした。

何度も説得の時間を持ったのですが、まったく理解を示そうとしないのです。

白状しますと、私は彼女に「自分勝手な人」と烙印を押していました。

「これって、採用ミスじゃないですかね」と、上司に言ったこともありました。

でも、そう言いながら、こうも思っていました。

「自分のマネジメント能力がないことが原因では。

だとしたら、自分はマネジメントに向いていないかな……」と。

これが、まさに問題を「人」に置いている状態。

これでは、解決が難しくなります。

問題は「行動」に置く。これが原則。


問題を「私が彼女の言い分をじっくり聞いていないこと」と置くと、やるべきことが明確になります。

その本心を聴くべく、会話の機会を持つことにしたのです。

むろん、すぐに本心を言ってくれるわけではありません。

「仕事の難易度を上げても、給与が上がるわけではないですからね」

こんな感じです。マネジメントの難しさをひしひしと感じたものです。


ところが不思議なことがおこります。

聴く機会を重ねると、彼女の態度が軟化したのです。

「仕方ないですね。やれ、ってことですよね。わかりました」と。

言葉は反抗的ですが、表情は受け入れている様相だったのです。

結果、彼女は、しっかりと成果を出してくれるようになったのです。


「上司のせい」「会社のせい」「部下のせい」「取引先のせい」「家族のせい」にしてしまうことは、よくあることです。

でも「行動」に問題の焦点を当てると、見え方が変わります。

「頭の固い上司」ではなく「そんな上司に対して、どのような行動をとるべきか」

「ぬるい会社」ではなく、「そんな会社なので、何が必要なのだろうか」と考えるのです。


また、逆もしかり、「自分に非がある」と思いたくなる時もあるでしょう。

そんな時も、「行動」に焦点をあてるのです。

「どんな行動があれば、リーダーシップとして正解なのだろうか？」と。

理想のキャリアを歩もうとすると、いろいろあります。
でも、あきらめる必要は、ありません。
問題を「行動」に焦点を当てることで解決できるでしょう。

一流の人材がインプットを欠かさない理由

私が、研修に登壇する際、尋ねる質問があります。

「3か月に1冊以上のビジネス書を、または日経新聞（アプリ含む）を読むことを習慣にしている人、挙手をお願いします」と。

会社にもよりますが、手が挙がるのは、せいぜい1～2割です。

さすがに部長になると全員の手が挙がりますが、課長、係長、プレイヤーの方の場合、概ね割合は同じ。

でも、あなたがキャリアアップを目指すのであれば、**情報や知識をインプットする習慣は絶対にもっておきましょう。**

もちろん、ビジネス書や日経新聞だけではありません。

これらは、あくまでバロメーターの1つ。

本を読む、人に会う、研修に出席する、オンライン講座で学ぶ、忙しいのであれば、移動中にオーディオブックを聴く、といったこともできます。ちなみに星野リゾートの星野佳路社長は、移動中は音声で本の内容を聞いているそうです。どんなに多忙でもインプットを疎かにしない好例です。


とはいえ、なぜそこまでしてインプットをしないといけないのでしょう。

インプット習慣がないと「今、何をしておくべきなのか」を考えなくなるからです。

実際、インプットの習慣がない人は、他社の取り組みも知りませんし、3年後、5年後の世の中がどちらの方向に向かっているのかも、わからなくなります。

◎私のインプット習慣

私自身のうまくいった一例を紹介します。

定期購読している「日経ビジネス」で、ある特集を目にしたことがきっかけでした。特集名は「全てが変わる　5Gインパクト」（2019年4月号）。

それは「5Gの時代に入ると、リビング空間がオフィスに早変わり。次の瞬間には、すでに出社している同僚と挨拶を交わし、すぐにでも顔を突き合わせて会議ができる状態になる」というものでした。

この記事を読み「自宅で会社とつながる時代が来るのか」と、自分の生業である研修事業への影響をいろいろと考えました。5G通信を介した「リモート研修」か「オンライン講座」の機会が増えるのでは、と想像したのです。これが2019年の4月。

まずは、手始めにYouTubeを始めました。すると、ちょうど時を同じくして私のYouTubeをご覧いただいたUdemy（ベネッセ）から協業ができないかと声がかかり、YouTubeに加え、Udemyをスタートさせたのが2019年の秋。

その4か月後、世界中がコロナ禍に見舞われます。

さすがに研修はキャンセルに。終わった、と思わざるを得ませんでした。

ところがオンライン研修のスタイルが始まり、各企業がUdemyをはじめとしたオンライン学習を導入し始め、ビジネス系のYouTubeも伸び始め、おかげでコロナ禍でも売上は落ちなかったのです。むしろ、事業成長のチャンスになりました。

この時、多くの研修会社、研修講師は、仕事が激減したとも聞いていましたので、「日経ビジネス」のおかげだと、インプットの大切さをひしひしと感じたものでした。

ちなみに、今の私のインプット習慣は、経済誌の定期購読（2誌）、日経新聞と日経ＭＪのアプリ、ビジネス書を常に読む（紙、キンドルで）、オーディオブックで書籍を音声で、本要約サイト（フライヤー）も音声で、セミナーに参加（日経新聞主催の世界経営者会議など）など、これらは一例ですが、忙しい日常でも、ムリなくインプットをできている実感があります。

今、着目するのは、やはり生成ＡＩの活用です。

たとえば、AIアバター動画生成ができる「HeyGen」を活用すれば、自動生成で私のアバターが、英語で動画を配信できるようになります。

私のYouTubeやUdemyの動画コンテンツをアバターに英語で語らせれば、英語圏を対象にビジネスが展開できるわけです。

しかも、超低コストで（やり方によっては無料で）。

インプットを習慣化すれば、「やってみたい」「やらねばならない」、そんなテーマを発見しやすくなります。

「社会のために」という視点を持ってみる

最後に、ちょっとキレイな話を。

30代からは「社会のために、今の仕事を頑張る」という視点を持ってみることをお勧めします。

というのも、人を魅了する人は、間違いなく、「社会のため」の視点を持っている人だからです。

どんなことでもいいのです。

私の好きなエピソードは、羽田空港の元清掃リーダーの新津春子さん。

羽田空港は世界一キレイな空港の1つとして賞賛されていますが、その立役者の1

人が彼女。

彼女は言います。

「ただ、キレイにするだけでは掃除とは言えない。

幸せな気分になっていただくのが掃除の本質。

羽田空港にお越しになるお客様に幸せな気分になっていただきたい」と。

NHK「プロフェッショナル 仕事の流儀」の映像の中で、掃除をしながら、笑顔でお客様に「おはようございます」と声をかけるシーンがあります。

彼女は、そんな挨拶も掃除と言います。幸せにする仕事、それが彼女の考える掃除だからです。

そんな彼女の働きぶりがマスコミにクローズアップされ、いろいろなメディアで紹介されることになったのです。

さて、あなたのまわりにいる、素敵な人を想像してください。

ただ仕事ができる、ということではなく、魅力的な人を、です。

きっと、彼らは「自分のため」ではなく「社会のため」の視点を持っている人ではないでしょうか。


それを人は、「使命感」と言います。


「使命感」を持っている人は、やはり魅力的です。

「誰かのために」身を粉にして頑張る姿は周囲を魅了します。

実は、そんな人にチャンスはめぐってきます。


とはいえ、彼らは最初から「社会のため」と思っていたわけではありません。

どこかのタイミングで、そのように〝考えるよう〟になった、これが真相です。

実際、先ほどの新津さんも、最初はそんな使命感はなかったようです。

上司から「きれいにすることが掃除ではない。掃除の本質はわかっていない」と注意され、自分なりに考えたことがきっかけだったと言います。

孫正義さんだってそうです。

「お金や地位や名誉なんてどうでもいい、誰かの役に立てれば」と使命感を持っていらっしゃることは、先ほど言いました。

でも、従業員が2人しかいなかった創業時、こんな発言をしていたことは有名です。

「豆腐を一丁二丁と数えるように、お金を一兆二兆と数える会社にする」と。

1週間後に2人とも辞めてしまったそうです。

彼らもそうであるように、誰もが〝あるタイミング〟で、使命感を持つことの必要性に気づくわけです。

さて、あなたはどうでしょうか。

「自分の成長や会社の成長のことしか考えていない人」では、まず尊敬されません。

また、「家族のために頑張る」というのも、間違いではありませんが、それは当たり前のことで、義務の範疇でしょう。

「使命感」はありますか？

あればOK！　なくてもOK！

今がそのタイミングということです。

「使命感」を持つことができれば、どんな仕事でも、素敵なキャリアになることは間違いありません。

1　『完訳 7つの習慣』（スティーブン・R・コヴィー著、フランクリン・コヴィー・ジャパン訳 キングベアー出版）

おわりに

自分の未来に、「言い訳」をしない

今、あなたは何歳でしょう。
後悔しない選択をしているでしょうか。

人生には誰しも終わりが訪れます。
まだリアルに感じられないかもしれませんが、これは誰もが確実に迎える事実です。

以前、ある画家の個展を訪れ、1枚の絵を購入しました。
その画家は、私の前職の先輩です。
その絵は、遠くから見るとハチの巣のような物体が描かれているのですが、近くで

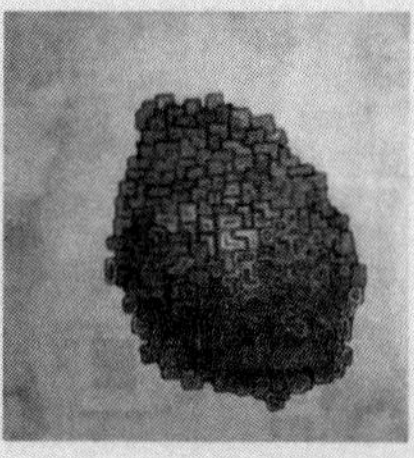

よく見ると、1つ1つのセル（小部屋）の集合体になっているのです。

絵のタイトルを伺うと、「未来の巣」と、彼は答えました。

実は、この作品には裏話があります。

彼がその絵を描いていた時、すい臓がんの末期のステージだったのです。

すい臓がんは、術後の予後が厳しいと言われるがん。

すでに彼の状況は、5年後生存率も決してよくない状況でした。

そんな時に描いたのが、この「未来の巣」という作品だったのです。

私は、絵を購入する際、彼に尋ねました。

「この絵のメッセージは、未来には、たくさんの可能性があり、自らの意思で選択しようよ」といった意味なのか、と。

すると、彼は、思いもよらない返事をしたのです。

「わからん。何度も消しては描き直し、なんでこの形になったのかもわからん。

思い入れが強い作品なんだよね。伊庭に購入してもらって嬉しいよ。意味は、それぞれの人が考えればいいと思うよ」

なので、私はこう解釈しました。

この絵は、「未来には〝数多《あまた》の可能性〟がある。自分らしい選択をしよう」と訴えているのだ、と。

というのも、彼は、求人メディア（フロムエー、タウンワーク）の編集長を歴任し、キャリアの現場を見てきた人で、自分らしく生きることを啓発してきた応援団とも言える人だったからです。

編集長を退任した後も、数冊のキャリア本（『非正規って言うな！』『なぜ最近の若者は突然辞めるのか』など）を出していました。

そんな彼が描いた、「未来の巣」なのですから、この解釈に違和感はないでしょう。

彼は、その8か月後、天国に旅立ちました。

ここまで、読んでくださってありがとうございました。

そろそろ、まとめます。

私は、これまで接してきた多くのビジネスパーソンが、もっと早い段階で「自分らしいキャリア」を考えていれば、違った未来を選ぶことができたのではないかと強く感じています。

そして、今ならまだ、あなたにもその選択肢が無数にあるはずです。

重要なのは、自分の未来から「逃げないこと」「言い訳をしないこと」だと思うのです。

あなたが心から納得できる選択をすることで、10年後、20年後に「あの時、その選択をして本当によかった」と心から思える日が来ることでしょう。

最後に、あなたの選択が実を結び、これからの人生が豊かで満足のいくものになることを、心から願っています。

株式会社らしさラボ　代表トレーナー　伊庭正康

伊庭正康（いば・まさやす）

株式会社らしさラボ代表取締役。リクルートグループでは、20年以上求人メディア事業に携わる。最初は、夜のお店への「求人広告の飛び込み営業」に従事。ママさんに断られる日々に悩みながらも、仕事を「面白くする」セオリーを会得し、モチベーションが向上。その後は、「自分らしさ」を活かす営業手法を開発。様々な部門の営業で、プレイヤー部門とマネージャー部門の両部門で年間全国トップ表彰を4回受賞。累計40回以上の社内表彰を受け、営業部長、社内ベンチャーの代表取締役を歴任。2011年、研修会社（株）らしさラボを設立。リーディングカンパニーを中心に年間200回を超えるセッション（リーダー研修、キャリア研修、営業研修、コーチング、講演）を行っている（リピート率は9割を超え、全受講者数は約25万人）。「自分らしさ」を活かす実践的なプログラムが好評で、その活動は「日本経済新聞」「日経ビジネス」「THE21」など多数のメディアで紹介されている。オンライン学習「Udemy」をはじめ、「Youtube（登録者約20万人）」、「Voicy」、メルマガでも、時間管理、リーダーシップ、営業スキルなどの講座を提供し、ベストセラーコンテンツとなっている。

30代《だい》から、どう働《はたら》くか

お金《かね》、やりがい、自由《じゆう》――何もあきらめない人生戦略《じんせいせんりゃく》

2024年12月1日　第1刷発行

著者　伊庭正康《いばまさやす》
発行者　佐藤 靖
発行所　大和書房《だいわ》
東京都文京区関口1−33−4
電話　03-3203-4511

ブックデザイン　喜來詩織（エントツ）
カバーイラスト　Studio Takeuma
本文DTP　杉本千夏（Isshiki）
図版作成　外塚誠（Isshiki）

本文印刷　信毎書籍印刷
カバー印刷　歩プロセス
製本所　小泉製本

ISBN 978-4-479-79816-3

http://www.daiwashobo.co.jp/